La Biblia Dela Cr

4 Libros en 1:

Los Principales Secretos Comerciales para tener Exito Financieramente con Bitcoin, Blockchain Ethereum, Ripple, Litecoin y todas las Altcoins

Por

Jared Snyder

Libro 1: Criptomonedas

La Guía Definitiva De Las 20 Criptomonedas Que Debes Ver En 2018

Libro 2: Criptomoneda

Una Guía Simplificada Para Nuevos Inversores

Libro 3: Criptomoneda

GUÍA DE 30 DÍAS PARA PRINCIPIANTES CONVIERTETE EN UN EXPERTO EN EL MUNDO DE LA CRIPTOMONEDA

Libro 4: Criptomonedas

50 Secretos De Expertos Para Principiantes Lo Que Necesitas Saber Cuando Se Trata De Invertir En Bitcoin, Ethereum y Litecoin

Tabla de contenidos

Introducción

Me gustaría darle las gracias por comprar este libro: *"Criptomoneda: La guía definitiva de las 20 criptomonedas para ver en 2018."* El concepto principal de este libro es llevarlo a través de las estrategias básicas de inversión criptomoneda que se pueden implementar para ganar dinero. Este libro le ayudará a identificar las mejores monedas criptográficas que se adapten a sus necesidades de inversión.

El ecosistema de criptomonedas tuvo un gran avance el año pasado (2017) cuando el popular valor del precio rodante de Bitcoin criptomoneda trajo nuevos inversores al mercado de criptodivisas. Esto hizo que muchos de los entusiastas de las criptomonedas y críticos más emocionados y les dio una razón para esperar más noticias este año (2018). Esperan que 2018 sea un año explosivo para el mundo de las criptomonedas, lo que podría traer nuevas tendencias a este espacio.

Bitcoin vio una gran caída en su porcentaje por primera vez en la historia de las criptomonedas con su cuota de mercado bajando en un 33 por ciento. Los críticos creen que 2018 será el año en que altcoins y Ethereum pueden gobernar los gráficos que encabezan la lista de altcoins para este año. Aunque Ethereum tiene sus propios problemas de escalado para manejar, el reciente aumento de precios en el token de criptografía 'Ether' contra la relación Ether-Bitcoin en los primeros días de 2018 parece ser una cosa positiva a buscar.

Con el repentino aumento en el número de inversores, los intercambios de criptomonedas lucharon técnicamente para hacer frente a las crecientes bases de usuarios y el intercambio más popular 'Coinbase' vio un crecimiento de más del 800 por ciento en su base de usuarios para finales de 2017. Hubo algunos otros intercambios, como Bittrex y Binance, que cerraron temporalmente sus registros para hacer frente a la inmensa demanda de los inversores nuevos y existentes.

Este repentino bombo y crecimiento en el espacio criptomoneda obligó a muchos gobiernos a forzar regulaciones fuertes a sus políticas económicas para administrar y prevenir las actividades ilegales en las transacciones criptomoneda. La decisión de China de prohibir los intercambios de Bitcoin ha creado una perturbación en el espacio criptográfico. Otra medida regulatoria estricta tomada por el gobierno de Corea del Sur en los primeros días de 2018 ya ha dejado a los inversores criptográficos divagando.

Los capítulos de este libro se ocuparán de la inversión en criptomonedas, las monedas criptográficas que se pueden utilizar y su potencial en el área de inversión. Este libro se puede ver como una guía definitiva para las veinte monedas criptopara tener cuidado con este año – 2018.

Espero que este libro sirva como una lectura interesante e informativa.

Capitulo Uno: Invertir en criptomoneda

Con tantos avances sucediendo en el mercado de criptomonedas, 2018 parece ser un año prometedor para esta moneda virtual con adopciones significativas aparentemente golpeando a la multitud decisiva. Los recién llegados son capturados con el FOMO (Miedo a perderse), y quieren una porción del pastel ya que han estado escuchando acerca de este activo digital desde hace bastante tiempo. Pero todo este zumbido en la criptomoneda no debe llegar a usted tanto que usted está en un apuro de entrar en el mercado. Es importante entender mejor la moneda digital, estudiar la tecnología que utiliza y analizar las opciones de inversión disponibles antes de subir al carro.

Usted tendrá que saber en qué se está metiendo, especialmente cuando se trata de "tratar" con los aspectos financieros - no es inteligente si invierte ciegamente su dinero ganado con tanto tiempo en un activo que no tiene idea. Invertir en acciones o acciones tradicionales e invertir en criptomonedas no tienen grandes diferencias excepto por la tecnología y las estrategias. ¿Qué es una inversión? El proceso de asignar un porcentaje de sus ingresos a un lado con una expectativa de "beneficio futurista determinado" se conoce como una inversión. Muchos actores del mercado (inversores o comerciantes) invierten un porcentaje de sus ingresos en un método de inversión tradicional como acciones, acciones, bonos, bienes raíces, etc. con la intención de obtener beneficios en sus "cantidades de capital" invertidas , esto puede ser un inversión a corto plazo.

Cuando se trata de inversión – ya sea la inversión tradicional o la inversión criptomoneda, es importante entender que habrá una cierta cantidad de riesgo involucrado que podría llevar al inversor a perder la cantidad de capital (la mayor parte de ella, si no toda) si el out venir no era como se esperaba. Si desea ser un inversor inteligente, lo primero y más importante que debe seguir es – *Nunca invierta una cantidad si no puede permitirse perderla.* Por ejemplo, si usted está planeando invertir $100 en una inversión en particular, usted debe estar listo para perder ese dinero en caso de que la cartera de inversión no funcione según lo planeado. Si no puede permitirse perder $100 y cree que es demasiado dinero para perder, es mejor que elija una cantidad más pequeña. Finalice el importe de su inversión de capital en función de su estado financiero.

¿Qué es la inversión en criptomonedas?

Comprar una criptomoneda en particular de la cantidad de inversión asignada y aferrarse a la moneda criptográfica durante un período de tiempo específico, y luego vender la moneda criptográfica cuando hay una apreciación en su valor de precio para mejores ganancias se conoce como 'invertir en criptomoneda' o criptomoneda inversión.

La criptomoneda es el activo digital que funciona como un medio de intercambio para verificar las transacciones, almacenar las transacciones verificadas y generar nuevas unidades criptográficas utilizando el concepto de criptografía. Esto funciona en el modelo descentralizado o en la red de transferencia sin efectivo electrónica peer-to-peer, es decir, operando independientemente del organismo regulador central (bancos centrales).

La inversión en criptomonedas es un poco arriesgada en comparación con los métodos de inversión tradicionales, ya que el valor del precio es extremadamente volátil y el mercado es altamente impredecible. Si usted tiene una comprensión clara y profunda de la tecnología criptomoneda y las estrategias de inversión, entonces obtener buenos rendimientos de la inversión criptomoneda no debería ser una tarea difícil. Usted necesita saber lo que está haciendo y por qué lo está haciendo - obtener los conceptos básicos correctos!

No hay reglas definitivas cuando se trata de inversión criptomoneda, y depende enteramente de usted para fijar la asignación de inversión después de analizar su estado financiero, el beneficio que está esperando y el período que desea esperar para el 'importe de capital' para se convierten en 'ganancias de beneficios'. En general, los asesores financieros sugerirán que cada individuo siga la regla del 50-30-20, es decir, que 'el 50 por ciento de los ingresos deberían ir por necesidades, el 30 por ciento debería naverse por 'quieres', y el 20 por ciento debería ser para ahorros'. El paraguas de ahorro del 20 por ciento es donde su plan de inversión y comercio caerá. Esto significa que el 20% de sus ingresos deben asignarse a la cartera de inversiones.

Veamos esto con un ejemplo. Si usted está ganando $100,000 por año, entonces $50,000 debe ser para sus necesidades (gastos regulares, alimentos, comestibles, préstamos hipotecarios, electricidad, cuotas de educación, etc.), $30,000 se pueden gastar para sus 'deseos' (cenas, películas, ropa extra, gastos de lujo, etc.) y $20,000 deben ser asignados para sus "ahorros" (inversiones tradicionales tales como acciones, acciones u otros modos de inversión).

Volviendo a nuestra inversión en criptomonedas, sería una buena idea elaborar su cartera de inversiones en función de la asignación porcentual a continuación:

(Esto es sólo para dar una idea básica sobre cómo se debe hacer, pero la asignación depende enteramente de cómo usted querría hacerlo dependiendo de su estado financiero y objetivos de hacer dinero)

- Si tienemenos de 30 años, es mejor combinar un 50% de inversión tradicional y un 30% de inversión en criptomonedas

- En caso de que esté entre 30 y 40, a continuación, ir con 60% tradicional y 20% de inversión criptomoneda
- Si usted está por encima de 40 años de edad, entonces deje que 10% sea una inversión criptográfica y 70% ser una inversión tradicional.

Es posible que se pregunte por qué solo se considera el 80 por ciento durante la asignación porcentual. Es aconsejable dejar el 20 por ciento restante en efectivo para fines de emergencia.

Vamos a utilizar nuestro ejemplo anterior para entender esto mejor – Suponiendo que usted está en sus últimos 20s ahora y $20,000 es la cantidad asignada para iniciar una cartera de inversión según sus ingresos ($100,000); puede dividir el importe de la siguiente manera:

- $10000 que se asignarán a la inversión tradicional (50% tradicional)
- $6000 se asignarán para la inversión en criptomonedas (30% cripto)
- $4000 para dejar como efectivo (20% en efectivo para emergencias)

La razón para tener un porcentaje mínimo en criptomoneda se debe a su estado de alto riesgo, volatilidad del mercado e imprevisibilidad de precios. No es necesario atenerse a esta cifra, pero siempre puede determinar su asignación en función de sus necesidades financieras y de inversión.

Varias oportunidades de inversión en criptomonedas

La fascinación bitcoin ya ha tomado al público en general por una tormenta, y la mayoría de ellos están interesados en explorar en este espacio criptográfico, pero con cerca de 1400 criptomonedas en el mercado (como se indica por coinmarketcap.com), es una tarea bastante confusa para elegir el moneda correcta y el mejor método de inversión. Los siguientes mencionados son las opciones de inversión criptomoneda más populares utilizados por la mayoría de los entusiastas de cripto:

- Comprar y retener
- Minería
- Negociación a corto plazo con margen
- Arbitraje

Comprar y retener

La mejor y más segura estrategia de inversión utilizada por muchos inversores criptomoneda (especialmente los principiantes) es la estrategia 'Comprar y mantener'. Esta opción no sólo funciona con la inversión criptomoneda, sino también con las inversiones tradicionales. Con la estrategia de "comprar y mantener", tendrá que comprar la criptomoneda cuando el valor del precio es bajo y aferrarse a la moneda durante un año más o menos. Es importante que usted no haga nada más con la moneda cripto para ese período específico - sin comercio o sin 'venta de pánico' - sólo aferrarse a la moneda.

Una vez que el tiempo de retención ha terminado, puede comprobar la apreciación del valor del precio, y si usted siente que el tiempo es el correcto, puede seguir adelante y cobrar la moneda cripto gráfica o cambiar la moneda por otra nueva criptomoneda. La paciencia es el factor clave en esta opción de inversión. Usted no debe verse afectado por las fluctuaciones de precios a corto plazo, perturbaciones del mercado, deficiencias técnicas o cualquier otro factor externo. Nada de esto debería preocuparte, y todo lo que necesitas hacer es – agárrate firmemente a la moneda. No te pongas emocional y tenga prisa por 'vender pánico' la moneda cuando vea que el valor del precio disminuye. Usted podría pensar que usted prefiere ahorrar al menos parte de la cantidad de capital mediante la venta de la moneda en este momento para que no pierda toda la inversión de capital, pero cuando se trata de la inversión criptográfica es un gran error. ¡No tomes una decisión cuando estés tenso!

Minería

Si está listo para gastar una cantidad considerable de dinero en el equipo de hardware de minería y la energía eléctrica, entonces la "minería" puede ser una estrategia de inversión a largo plazo. Si usted es alguien que está buscando ingresos pasivos que pueden darle "rendimientos esperados" significativamente y también puede pasar una cantidad dedicada de tiempo para trabajar hacia el mismo, entonces esta sería la opción correcta para usted.

¿Qué es la minería? La minería es el proceso por el cual se generan nuevas monedas criptográficas cuando se verifica un bloque de transacción en particular. Esta verificación se realiza resolviendo complejos rompecabezas criptográficos (conocidos como hash) utilizando el concepto de "prueba de trabajo". El software de minería ayuda a los mineros (las personas que utilizan máquinas para minar) para resolver este rompecabezas, y como recompensa por la verificación exitosa, se les ofrece un nuevo bloque de transacciones, que genera nuevas unidades de tokens criptográficos (nuevas monedas criptográficas).

Los componentes necesarios para configurar el entorno de minería de datos son:

- Rig Minero
- Procesador de alta velocidad
- Tarjeta gráfica
- PC (ordenador personal)
- Aplicación de software de minería
- Buena cantidad de electricidad
- Grupo de minería (para reducir la complejidad)

La configuración del entorno puede llevar algún tiempo, pero una vez que sea capaz de entender el flujo, puede ser un buen plan de inversión a largo plazo. Las criptomonedas que utilizan PoW (prueba de trabajo) protocolo son los que se pueden extraer - hay pocas monedas criptográficas que son pre-mined y no cae en esta categoría.

Negociación a corto plazo con Margin

Si usted es un principiante con criptomoneda, yo no sugeriría esta opción en este momento. La estrategia de trading a corto plazo se puede probar una vez que esté más seguro acerca de las criptomonedas y tenga un profundo conocimiento de las tecnologías y los gráficos de trading. Alguien que ya está en el día de comercio en el método de inversión tradicional definitivamente querría probar esta opción, ya que es posible hacer 'gran dinero' utilizando criptomoneda debido a su rápido movimiento en el mercado. Pero recuerde, si usted no es lo suficientemente inteligente, también puede terminar perdiendo millones en este método.

Es importante estar familiarizado con las técnicas de trading y entender cómo analizar los gráficos de valor de precios para ayudarle a predecir los próximos rollos de precios. Tomar una decisión cuando usted está emocionalmente estresado debido a la fluctuación del mercado criptomoneda resultará en enormes pérdidas. Si usted puede actuar rápidamente, pensar lógicamente, planificar el siguiente movimiento y finalizar la decisión sin permitir que su lado emocional tome el control, entonces usted puede hacer un buen dinero en el comercio marginal a corto plazo.

Arbitraje

A medida que adquiera experiencia en el mercado de criptomonedas, poco a poco estará más seguro de las decisiones que toma, ya que puede reconocer el flujo de valores de precios, situaciones de mercado, etc. lo que le motiva a hacer algunos dólares rápidos en esta arena. Hacer ganancias de arbitraje mediante la compra de un intercambio y luego vender en otro intercambio durante el alza de precios le ayudará a hacer algo de dinero rápido. Mientras que usted consigue sus manos en múltiples intercambios, es vital comprobar para el precio alza y el factor de las tarifas como el valor del precio será irregular cuando se transfiere entre los intercambios. Esto podría dar lugar a "altas tarifas de transacción".

Elegir la moneda correcta

La capitalización de mercado de todas las criptomonedas cuando se combinó tocó alrededor de $700 mil millones en enero de 2018. Esto no es una pequeña cantidad y los expertos están prediciendo que este valor subirá y subirá a billones para finales de 2018. Esta revolución de activos digitales no tiene planes de ir lento y con más personas uniéndose al espacio criptográfico; podría establecer un nuevo máximo.

Con tantas nuevas criptomonedas llenando el mercado, se llega a escuchar una gran cantidad de ideas en qué moneda para invertir y cómo sacar dinero en la moneda invertida. Se vuelve aún más confuso. ¿Cómo se elige la criptomoneda correcta? ¿Hay alguna manera particular de hacerlo?

Para tomar la decisión correcta, es mejor hacerse las siguientes preguntas antes de finalizar una criptomoneda en particular para invertir:

- ¿Es posible mantener el importe de capital?
- ¿La moneda tiene un objetivo a largo plazo?
- ¿Habrá beneficios de seguridad con la criptomoneda seleccionada?
- ¿Hay una estrategia de salida en caso de que las cosas se desmoronen?

Es importante gestionar la cantidad de capital y por lo tanto hacer su investigación para comprobar la fiabilidad de la criptomoneda (especialmente si se trata de una nueva moneda). Tenga cuidado con los estafadores y confirme la autenticidad de la moneda. Asegúrese de leer el informe técnico de la criptomoneda y comprender su tecnología, declaración de misión y objetivos. Siempre es aconsejable elegir criptomonedas de confianza (las más utilizadas o las más populares).

A veces sucede que los desarrolladores crearán una nueva criptomoneda, atraerán a los inversores con tasas de interés llamativas o planes de ganancias, vender la moneda y luego desaparecer. No vayas por valor nominal, investiga y luego decide. Del mismo modo, asegúrese de tener una idea clara de lo que está entrando y mire los pros y los contras del modelo de inversión. Prepara una estrategia de salida en caso de que las cosas no funcionen. Si usted está buscando ganancias a largo plazo, ser claro en el período de tenencia y el comercio cuando sea el momento adecuado. Si desea ir por un período más corto y el comercio de la moneda, comprobar las fluctuaciones del mercado y decidir. ¡Idea un plan y apégate a él, siempre!

Capítulo dos: Estrategias a seguir

La inversión en criptomonedas tiene su propio conjunto de recompensas y riesgos, y por lo tanto es vital tomar la decisión sólo después de considerar los aspectos financieros y la situación económica del inversor respectivo. Es importante crear un plan estratégico sobre el modo de inversión basado en el siguiente criterio:

- Análisis de mercado
- Estudio de las cartas comerciales
- Elegir la criptomoneda adecuada
- Análisis de los registros de seguimiento

Elaborar la estrategia de inversión adecuada te ayudará a entrar en el juego de criptomonedas, lo que te permitirá ganar el 'gran dinero'.

Estrategia de inversión en criptomonedas

Como inversionista, usted debe ser claro en la cantidad que desea asignar, la moneda que va a invertir en, la opción de inversión que le gustaría elegir, el porcentaje de ganancia que está esperando, el momento adecuado para comprar o vender la moneda y el intercambio que va a utilizar para empezar. Usted debe saber lo que va a hacer con la criptomoneda comprada y cuánto tiempo se mantendrá en la moneda antes de cobrarlo. Por lo tanto, es esencial elaborar el plan y elegir la estrategia de inversión adecuada para ejecutar el plan.

Su plan estratégico debe crearse en base a las respuestas que obtenga de las preguntas mencionadas a continuación:

- ¿Cuál es su situación financiera?
- ¿Cuánto dinero podría asignar a su cartera de inversiones en criptomonedas?
- ¿Quieres beneficios a largo plazo o estás más inclinado hacia el dinero rápido?
- ¿Por qué quieres invertir en criptomonedas?
- ¿Entiendes la tecnología (tecnología blockchain) en la que trabaja?
- ¿Puede soportar la pérdida de su 'cantidad de capital'?
- ¿Está buscando seguir con la estrategia de inversión más segura o desea tomar riesgos?
- ¿Existe un enfoque diversificado de su cartera?

Cosas a recordar:

Los puntos básicos a tener en cuenta mientras elabora su estrategia de inversión son:

- Compre la criptomoneda que se adapte a sus necesidades de inversión
- Asegúrese de que su compra se realiza en el momento adecuado

- Comprar la moneda cripto cuando el precio es 'bajo' y vender la moneda cuando el valor del precio es 'alto', es decir, *Comprar bajo y vender alto*
- Mantener la moneda por un período mínimo de un mes en caso de inversión a corto plazo y de seis meses a un año en caso de inversión a largo plazo

¿Por qué no debería comprar la moneda cuando el valor del precio es alto? ¿No es el momento adecuado para comerciar? ¿Sabiendo que el valor del precio es alto, no el valor del precio va a ir más alto lo que me permite hacer un poco de dinero rápido? Estas preguntas podrían haber cruzado por tu mente cuando te pidieron que compraras la moneda cuando el valor es bajo. Esto puede funcionar en el enfoque tradicional del mercado de valores, pero con la inversión en criptomonedas, esto puede ser un gran error que conduce a enormes pérdidas. Si asumes que puedes comprar una moneda cuando el valor del precio es alto y luego vender la moneda de nuevo en una semana o así cuando el valor es más alto, entonces estás cometiendo un viejo error. El mercado de criptomonedas es extremadamente volátil, y este enfoque podría causar daños coloales a su cartera de inversiones.

"Comprar y mantener" es la mejor estrategia de inversión para obtener beneficios a largo plazo, reducir el riesgo y atraer menos comisiones de transacción, ya que el comercio regular no es necesario en esta estrategia.

¿Cómo elegir la estrategia de inversión adecuada?

Un inversor inteligente no va por 'hunches' pero estará haciendo su movimiento después de tomar una decisión bien calculada. Del mismo modo, es esencial que cada inversor criptomoneda analice el estado financiero actual y decida sobre el porcentaje de expectativa de ganancias antes de tomar una decisión. Cuando tome una decisión informada, podrá permanecer en el mercado mucho más tiempo del esperado y también disfrutará de los beneficios que planeó.

No estaría mal probar los siguientes pasos para seleccionar la estrategia de inversión adecuada para satisfacer sus necesidades financieras:

Diseñar un plan

Su asignación de inversión debe ser el primero y principal criterio para ayudarle a decidir elegir la criptomoneda. La criptomoneda que usted decida debe ser capaz de satisfacer sus expectativas de ganancias y requisitos financieros. Asegúrese de conocer las limitaciones de la moneda y tener una expectativa razonable cuando se trata de las devoluciones. Investigación sobre el valor unitario de la moneda, capitalización de mercado, historial, gráficos de negociación, etc., ya que esto le ayudará a predecir la naturaleza de la moneda (usted será capaz de hacer esto a medida que gana más experiencia).

Reconocer las 'caídas de precios'

Prepárate para aceptar las caídas de precios en el mercado de criptomonedas. Cada vez que hay una fluctuación de precios, no se ponga ansioso; mantener la calma. Trate de analizar la razón de las caídas, ya que podría haber un patrón para estas caídas de precios, sobre todo. Razones como las siguientes pueden ser algunas de ellas:

Rumores o noticias no autorizadas de los medios de comunicación

El aumento de precio de una criptomoneda podría ser la razón de la disminución de precios de otra criptomoneda. Las decisiones de un país en particular sobre la aceptación o prohibición de criptomonedas también perturbarán el mercado de criptomonedas.

Almacenamiento seguro de las monedas criptográficas

Dado que los ordenadores generan criptomonedas basadas en códigos digitales, pueden ser propensos a hackers, robos, ataques de virus, etc. Esto hace que sea una necesidad para asegurar las criptomonedas con un cuidado adicional.

En el enfoque bancario tradicional, siempre hay una opción de restablecer la contraseña o obtener nuevas credenciales poniéndose en contacto con los funcionarios del banco en caso de que se olvide o pierda las existentes, pero esto no es posible con cryptocurrencies. No hay manera de recuperar sus criptomonedas si ocurre alguna de las siguientes situaciones:

o Robo de monedas criptográficas de la cartera de intercambio en línea

o Enviar las monedas a una dirección de billetera incorrecta

o Perder su clave privada

Por lo tanto, es esencial para almacenar las monedas criptográficas de forma segura, y la mejor manera sería utilizar carteras de hardware o carteras de papel. Tener una contraseña segura y usar la autenticación de dos factores como medida de seguridad adicional. Y no se olvide de tomar la copia de seguridad del archivo .dat de la criptomoneda.

Errores de inversión en criptomonedas

Proteger su cartera de inversiones no necesita que sea un genio de la inversión, pero todo lo que tiene que hacer es evitar cometer los mismos errores antiguos para gestionar la volatilidad del mercado y tomar buenas ganancias. Es importante aprovechar las ganancias y tomar una decisión clara cuando se está jugando con las finanzas.

Trate de no cometer los siguientes errores y salvarse del estrés emocional de las pérdidas monetarias:

- Diversifique su cartera de inversiones. Comience con una cantidad más pequeña y amplíe con experiencia. No invierta todo su capital en una sola moneda.
- Si no crees en criptomonedas, no inviertas en ellas. Evite forzarse a una cartera de inversiones con la que no esté seguro. No lo hagas porque tu amigo te lo pidió o debido a FOMO (Miedo a perderte).
- Comience a tomar "beneficios" de las criptomonedas y asegurarlos. A menos que obtengas beneficios, no tienes dinero real, es decir, tratar de ahorrar el monto de capital no es de lo que se trata la inversión, tienes que hacer algo más que tu capital inicial.
- Evite vender monedas criptográficas a pérdida, es decir, venta de pánico porque el valor del precio bajó o caer presa de rumores, etc. Esto sucede si usted no ha hecho suficiente investigación sobre la criptomoneda elegida.
- La falta de habilidad para la toma de decisiones a menudo puede llevar a perder una buena oportunidad, "no notar el escollo", "retraso en la estrategia de salida", etc.
- Desviarse de su objetivo resultará en una pérdida. Apégate a tus planes y trabaja hacia lo mismo.
- La paciencia es la clave aquí – si usted tiene prisa por ganar dinero debido a la codicia, entonces usted está creando una incertidumbre en su cartera de

inversiones. Recuerden, todos los multimillonarios actuales tomaron un período mínimo de inversión de un año antes de que comenzaran a ganar dinero rápido.

- Concéntrese en la capitalización de mercado y la oferta de divisas en lugar de concentrarse sólo en el valor del precio unitario.
- Comprender la idea detrás de la criptomoneda en particular antes de decidir invertir en el mismo.
- Deje unas cuantas monedas criptográficas detrás cuando usted está ocupado haciendo ganancias. No comercie con todas las monedas.
- Compruebe la dirección de la cartera de monedas antes de transferir las monedas criptográficas porque una vez que la moneda se ha ido, se ha ido para siempre.
- No te pongas demasiado emocional; tomar decisiones lógicas. Evite la venta de pánico cuando hay una caída de precios. El precio seguirá fluctuando en el mercado de criptomonedas; si el precio baja pronto volverá a la normalidad, no te tenses y romper á el período de retención. ¡Esperar!
- Cuando usted está planeando reinvertir en la misma criptomoneda con el beneficio que acaba de obtener, no lo haga a toda prisa. Realice una investigación detallada de nuevo y compruebe la capitalización de mercado, gráficos comerciales, demanda de la oferta, etc. antes de reinvertir.

- No tener una estrategia adecuada podría enredarte en medio de situaciones imprevistas. Mientras se trata de criptomoneda, es esencial definir los objetivos y diseñar la estrategia para darle un avance.
- No tomar medidas para proteger su clave privada y contraseña de la cartera podría resultar en la pérdida de toda la inversión. Anota tu contraseña en un lugar seguro porque si olvidas la contraseña, tus monedas se han ido.
- El trading de día no es la opción correcta para los principiantes de criptomonedas.
- No hay una estrategia de inversión definida que seguir, y depende enteramente de los objetivos financieros del individuo.
- Sólo porque hayas hecho el doble de ganancias más de una vez, no significa que seas un experto. No seas demasiado confiado; ¡tomarlo lento y constante!
- Invertir una cantidad que no puedes perder es otro gran error.

Capítulo tres: Posibles criptomonedas para invertir

Bitcoin ha sido la criptomoneda popular y preferida entre los inversores durante el tiempo que fue la primera moneda cripto gráfica oficial y la prevalente en términos de capitalización de mercado. Pero la reciente frecuencia en las caídas de precios está agitando los temores entre los nuevos inversores. Altcoins son vistos como las monedas de 2018, teniendo en cuenta la transacción lenta y altas tarifas con Bitcoins. Con los precios de Bitcoin muy altos, está haciendo que sea difícil para los nuevos inversores invertir en la primera moneda obligándolos a dirigir su atención hacia altcoins, que ofrecen alternativas mucho más baratas con buenas rentabilidades. Aunque hay un montón de criptomonedas por ahí con características tecnológicas avanzadas, alta velocidad de transacción y buenos rendimientos de ganancias que muestran un gran potencial como el material de inversión adecuado, todavía es esencial entender los fundamentos de estos nuevos monedas antes de invertir su dinero ganado con esfuerzo en ellos.

Veinte criptomonedas potenciales que vale la pena invertir en

Para determinar si las altcoins que está planeando elegir valen una oportunidad, intente revisar la moneda echando un vistazo a lo siguiente:

Conozca el equipo

Infórmese sobre el equipo de desarrollo que fue la razón de la nueva moneda. Compruebe si han estado involucrados con otras criptomonedas, su experiencia, su crecimiento técnico, etc. Altcoins con la capitalización de mercado más alta tiene los equipos más establecidos.

Encuentra la idea detrás de la nueva moneda

¿Cuál era la necesidad de la nueva moneda? ¿Resuelven el problema sin resolver de criptomonedas anteriores? Algunas monedas no tienen una razón y son sólo estafas.

Compruebe su hoja de ruta

Compruebe si las monedas están en la 'versión de prueba' o 'versión beta'. ¿Habrá más características? ¿Tendrán un largo camino por recorrer? ¿Habrá tenedores duros o blandos?

Compruebe si son caros

Si te encuentras con cualquier altcoins que son demasiado caros, es mejor mantenerse alejado de ellos. Asegúrese de hacer la investigación de mercado y evaluar si tienen un precio correcto.

Al igual que Bitcoin, todas las criptomonedas son extremadamente volátiles y llevan su propio factor de riesgo. Por lo tanto, es esencial hacer su propia investigación, estudiar los white papers y analizar los gráficos de trading antes de que planee invertir.

Sobre la base del escenario actual del mercado y la volatilidad del valor del precio, las siguientes veinte criptomonedas valen la pena una oportunidad y cada una de ellas tiene su propio potencial para ser la acción de inversión correcta:

1. Litecoin (LTC)
2. Neo
3. Ondulación (XRP)
4. IOTA (MIOTA)
5. Bitcoin Efectivo
6. Monero (XMR)
7. Cardano (ADA)
8. Steem
9. Arca
10. Stratis
11. Ethereum (ETH)

12. Verge (XVG)
13. Omisego (OMG)
14. Siacoin
15. Binance Coin (BNB)
16. Ficha de atención básica (BAT)
17. Decent.bet (DBET)
18. Funfair (FUN)
19. Einsteinium (EMC2)
20. Storj

¡Antes de entrar en un breve plazo sobre cada una de las criptomonedas mencionadas anteriormente, me gustaría reiterar el asesoramiento financiero básico que todo inversor debe seguir - Haga su debida diligencia e invierta lo que puede permitirse perder!

Litecoin (LTC)

Charlie Lee, un antiguo empleado de Google, creó Litecoin como una moneda criptográfica descentralizada punto a punto, que ofrece transacciones diarias rápidas y fáciles sin ningún tipo de molestias técnicas. Uno puede simplemente comprar un café, pagar facturas o reservar entradas usando Litecoin - la idea era llegar a la corriente principal que es lo que la mayoría de los altcoins están apuntando a.

Las mejores características de esta moneda son - red de rayos y el intercambio atómico, la razón detrás de las transacciones de velocidad del rayo y los intercambios entre cadenas entre monedas criptográficas. Usted no necesita esperar a la confirmación de la transacción, que es el problema con Bitcoin, ya que la velocidad de la transacción es bastante lenta haciendo LiteCoin más escalable que Bitcoin.

Litecoin tiene una capitalización de mercado de $13.95 mil millones con una tasa de crecimiento de 6.25% en su valor en el último año. El límite total de la moneda es de 84 millones, y ya hay 54 millones de monedas en circulación. El creador de la moneda lo refiere como 'la plata al oro de Bitcoin'.

Neo

Da Hongfei, el evangelista chino blockchain y CEO de Onchain, junto con el cofundador Erik Zhang crearon la moneda, que inicialmente se conocía como 'Antshares'. Se conoce como el 'Ethereum de China' ya que su plataforma soporta los "contratos inteligentes" y tiene una funcionalidad similar a Ethereum. Permite a los desarrolladores codificar usando C, C, Java o GO y crear nuevos tokens criptográficos basados en los requisitos del usuario.

Si China afloja su control sobre Bitcoin e ICO, Neo explotará en el mercado de criptomonedas y creará dominio entre los inversores chinos.

La capitalización de mercado de Neo es de 5,6 millones de dólares con una tasa de crecimiento del 83,570% sobre su valor en un año. Aunque esta moneda china todavía tiene un largo camino por recorrer, se está volviendo más popular y está mostrando un gran potencial debido a sus asociaciones recientes con muchas grandes empresas. El límite total de la moneda es de 100 millones, y hay 65 millones de monedas en circulación como en la fecha.

Ondulación (XRP)

El antiguo desarrollador de Bitcoin, Ryan Fugger, el programador Jed McCaleb y el empresario Chris Larsen diseñaron la plataforma Ripple en 2012. La ventaja que Ripple tiene sobre otras criptomonedas es que ya ha licenciado su tecnología blockchain a 100 bancos y un nuevo fondo de cobertura anunció que estarían denominados en XRP.

Según los tiempos de Nueva York, Ripple es "un cruce entre Western Union y un cambio de *divisas, sin las cuotas considerables"* yaque no sólo actúa como una moneda, sino que también es una plataforma que permite que cualquier otra criptomoneda para el comercio en ella.

La capitalización de mercado de Ripple es de alrededor de $95,45 mil millones con una tasa de crecimiento de 41,040% sobre su valor. El límite máximo de la moneda XRP es de 100 mil millones de los cuales 38.700 millones ya están en circulación. Esta es la oferta circulante más alta en comparación con el resto de altcoins en el mercado por lo que es una moneda potencial para mirar hacia fuera para.

IOTA (MIOTA)

El Dr. Serguei Popov, Sergey Ivanchelo, Dominik Schiener y David Sonsteba, un equipo de desarrolladores, empresarios y matemáticos crearon IOTA. Esta es una variedad diferente de criptomoneda, ya que no tiene bloques o comisiones de negociación. En esto, todos los inversores pueden ser llamados como 'mineros', es decir, no hay bloques, tasas de negociación o mineros (en realidad) y para cada transacción formulada por usted, el poder de procesamiento que utiliza valida otras 2 transacciones haciendo que cada titular de IOTA un minero también.

IOTA está estructurado después del IoT (Internet de las cosas); está clasificado como uno de los mejores altcoins. La razón por la que es diferente de otra criptomoneda es porque no funciona en la tecnología blockchain - el primer cripto sin blockchain. Tiene su propio libro de contabilidad pública 'Tangle' que sigue cambiando la dirección cada vez que se realiza una transacción, lo que la hace aún más segura. Usted tendrá que generar una contraseña / semilla que tiene 81 caracteres de largo para crear una cartera IOTA.

El principal factor de enfoque de IOTA es crear transacciones seguras de "máquina a pago" en el sistema financiero de IoT que lo hace destacar en comparación con las otras monedas criptográficas. Los tres puntos de referencia clave que ha logrado son: transacciones gratuitas, escalabilidad ilimitada y transacciones sin conexión. La reciente asociación con Microsoft aparentemente ha sido la razón de su precio para disparar y no olvidar su asociación anterior con Bosch.

La capitalización de mercado actual de IOTA es de 11.10 000 millones de dólares con una tasa de crecimiento del 525%. El límite máximo de suministro de MIOTA es de 2.800 millones y todo el suministro está en circulación.

Bitcoin Efectivo

Bitcoin Cash fue el tenedor duro de Bitcoin creado por un equipo de personas que envergieron el libro de contabilidad blockchain Bitcoin en agosto de 2017. Varios equipos de desarrollo ahora administran esto. Esta criptomoneda no es compatible con Bitcoin y fue creado para superar los problemas de tiempo de transacción lento y altas tarifas que enfrentan los usuarios de Bitcoin.

La criptomoneda tiene la capacidad de palanca de transacciones con tarifas menores y confirmaciones más rápidas ya que el límite de tamaño de bloque es alto en comparación con Bitcoin. Pero según pocos partidarios de

Bitcoin, el creciente límite de tamaño de bloque en última instancia pondrá en peligro el concepto descentralizado de la criptomoneda negando toda la idea de la descentralización.

La capitalización bursátina de Bitcoin Cash es de $45.61 mil millones con una tasa de crecimiento del 623% en seis meses. El límite máximo de suministro es de 21 millones y ya tiene 16,8 millones en circulación. Bitcoin Cash encabezó el gráfico asegurando el segundo lugar como la criptomoneda más valiosa empujando a Ethereum al tercer lugar. Ahora ha vuelto a la tercera posición.

Monero (XMR)

La creación de Monero es misteriosa ya que nadie sabe quién creó la moneda y la mejor característica con la moneda es su anonimato. Aunque seguimos diciendo que las transacciones Bitcoin son anónimas, en realidad es posible rastrear las transacciones, pero no el propietario, mientras que con Monero tampoco es posible. En teoría, nadie podrá esbozar el esquema entre el receptor, el remitente o el volumen de la transacción. Aunque los detalles de cada transacción (incluido el remitente, el destinatario y el tamaño) se registran en el libro mayor público, se disfraza con detalles falsos para que no se pueda rastrear.

¿La mejor apuesta para los ciberdelincuentes y adivinar qué? – Los piratas informáticos que fueron la razón del incidente global ransom-ware 'WannaCry' que infectó a cerca de 230.000 PC que utilizamó MS Windows como su sistema operativo quería ser pagado en 'Monero.'

Dado que utiliza direcciones sigilosas, cuando se comercia con Monero muestra hash criptográfico de la dirección de destino al público, que sólo puede ser descifrado por el remitente y el receptor de la moneda. Este cifrado de la dirección de destino hace que los demás participantes en la red difícil de averiguar a quién pertenece - por lo que incluso si sé su dirección de cartera, no voy a ser capaz de saber que es su dirección porque sería encriptado lo que hace que todo su tran sactions private. La segunda cosa con esta moneda es que utiliza unidades de transacción separadas, es decir, si usted está enviando 50 tokens monero al destinatario, se dividiría en diferentes sumas como 20, 15 y 15 xMR tokens y registrado por separado lo que hace que sea imposible ser rastreado.

Las "firmas de anillo" que utiliza lo hacen aún más 'secreto', ya que mezcla la transacción. El precio de Monero ya se ha disparado de $50 a $300 en un lapso de pocos meses. La capitalización actual del mercado de XMR es de 5.950 millones de dólares con una tasa de crecimiento del 2.596%. Hay totalmente 15,5 millones de

XMR en circulación, y a diferencia de otras monedas, no hay límite superior para esta moneda.

Cardano (ADA)

La cadena de bloques Cardano es desarrollada por la firma de blockchain IOHK (Input Output Hong Kong) que es liderada por el ex cofundador de Ethereum, Charles Hoskinson. Cardano se conoce como el 'asesino de Ethereum' ya que sus características se comparan con la de Ethereum. Cardano blockchain permite la ejecución de 'contratos inteligentes', y el token criptográfico 'ADA' es el combustible para las transacciones en la plataforma.

Cardano utiliza 'Steem' como su algoritmo de minería 'prueba de estaca', y recientemente introdujeron otro algoritmo PoS (prueba de estaca) - Ouroboros. Este concepto de "prueba de estaca" confiado no ocupa tanta electricidad cuando se trata de extraer el token de criptografía. Cardano tiene la intención de liberar su propia tarjeta de débito, lo que permitiría a los usuarios cargar fondos en la tarjeta y utilizarla en cualquier lugar similar a la tarjeta de débito normal (utilizamos). ADA no tiene ninguna tarifa, que han sido la razón de su valor para disparar de $0.02 a $0.40 en 60 días.

La capitalización de mercado de ADA es de 20.21 mil millones de dólares con una tasa de crecimiento del 3,296%. Esta moneda ofreció ganancias sustanciales a sus usuarios y encontró un lugar entre las diez principales criptomonedas en noviembre de 2017. Actualmente se encuentra en la decimotercera posición. El límite máximo de suministro de la moneda es de 45 mil millones, y ya tenemos 26 mil millones de monedas en circulación.

Capítulo cuatro: Otras Altcoins y su potencial de inversión

En la continuación del capítulo anterior, discutiremos los altcoins restantes y su potencial para ser parte de la cartera de inversión correcta.

Steem

Steemit es una plataforma de redes sociales y blogs que ofrece recompensas en moneda digital a sus creadores de contenido. Esta plataforma se ejecuta en la cadena de bloques steem con dos tokens criptográficos - Steem y Steem Dólares (SBD). Un SBD se supone que cabe un dólar estadounidense, pero el precio subió a $16 recientemente. La velocidad de transacción de Steem es de tres segundos, y no cobra ninguna tarifa - esta moneda virtual ya ha alcanzado un millón de transacciones y sólo ha utilizado menos del uno por ciento de su ancho de banda.

Steem es similar a Facebook y Twitter donde los usuarios pueden escribir blogs y publicar fotos, pero la única diferencia entre la primera y la segunda es Steemit te paga en moneda 'steem' por lo que escribas o subas mientras que las otras dos plataformas de redes sociales (Facebook y Twitter) no lo tiene.

Steemit todavía está en su versión beta y está planeando introducir Smart Media Tokens este año, lo que permitiría a cualquier persona crear sus propios tokens o crowdfund para sus proyectos o ayudar a los negocios existentes a monetizar aún más. La red Ethereum permite a sus usuarios utilizar la cadena de bloques Ethereum para crear tokens que valen $600 por token pero con Steemit; puede hacerlo a $2.50 con una mayor velocidad de transacción (3 segundos).

Arca

Ark es una marca para la adopción del consumidor, ya que está tratando de traer la 'tecnología Smartbridge', es decir, vincular un flujo de cadenas de bloques juntos - como Etereum con Bitcoin con ondulación. Esta moneda tiene una velocidad de transacción de ocho segundos y le da la opción de tomar las monedas, es decir, generar más monedas de sus existentes. Esto se ejecuta en el concepto de descentralización y utiliza el programa ArkShield para la protección adicional a su moneda 'ARK.'

El límite máximo de la oferta de la moneda es de 128,7 millones, y alrededor de 97,5 millones de monedas ya están en circulación. El precio ha subido de $3 a $9 dentro de unos meses.

Stratis

Esta plataforma BaaS (blockchain as a service) proporciona soluciones a las corporaciones financieras para utilizar los beneficios de la tecnología blockchain e implementar la misma en su proceso. Permite a los desarrolladores crear, probar e implementar aplicaciones de cadena de bloques mediante C- en el marco de trabajo de .NET.

La capitalización de mercado de Stratis toca $861,853,157 como en la fecha con su precio salió a $20. Esto parece ser una buena apuesta para invertir, pero asegúrese de hacer su debida diligencia.

Ethereum (ETH)

Ethereum fue propuesto por Vitalik Buterin alrededor de 2013 y utilizó una venta masiva en línea para financiar la plataforma y su desarrollo alrededor de julio-agosto de 2014 después de lo cual el 30de julio de 2015 se puso en marcha. Etereum encabeza el gráfico de altcoins y ya ha negociado más de $700 en el último par de semanas. Ethereum fue la primera plataforma, que ofreció a sus desarrolladores crear sus propios tokens criptográficos y escribir "contratos inteligentes" basados en los requisitos del negocio. BAT, OmiseGO son los tokens Etereum populares, es decir, tokens criptográficos creados con Ethereum blockchain.

La razón por la que superó a Bitcoin con su tecnología fue - el propósito de ofrecer la cadena de bloques para algo más que sólo transacciones de monedas se logró. Hubo un ataque en línea en el proyecto DAO de más de $150 millones en 2016, que forzó Ethereum en dos cadenas de bloques diferentes - Etereum (ETH) y Ethereum Classic (ETC)

La capitalización de mercado actual de Ether cruza más de $84 mil millones, y el precio por moneda es $862.65 como en la fecha. El suministro máximo de éter por año es de 18 millones de tokens, y la circulación actual ha tocado 97,6 millones de tokens.

Verge (XVG)

Verge fue construido para la privacidad de monedas y anteriormente fue referido como DogeCoinDark en 2014, que luego fue renombrado a Verge en 2016. El objetivo final de esta criptomoneda era ayudar a la corriente principal con las transacciones diarias. Esto se basa en la cadena de bloques de Bitcoin y permite a las personas, empresas llevar a cabo transacciones con mayor privacidad.

Esta moneda es similar a Monero y es conocida por su anonimato, ya que enmascara las direcciones IP del usuario. Esto sigue el concepto descentralizado y está listo para la adopción masiva, ya que proporcionan carteras privadas seguras y seguras. La tecnología simple de verificación de pagos ayuda a realizar transacciones rápidas: una transacción se puede realizar en cinco segundos.

La capitalización de mercado actual de XVG es $822,581,620 con un suministro circulante de 14,595,131,645 XVG como en la fecha. El límite máximo de suministro de Verge es de 16.555.000.000 de monedas.

OmiseGO (OMG)

Un grupo tailandés creó OmiseGO, también conocido como OMG, en la plataforma Ethereum. El propósito de la moneda era crear transacciones comerciales, que es a la vez una plataforma de pago y una cadena de bloques, a través de jurisdicciones. Esta cadena de bloques basada en Ethereum tenía como objetivo realizar transacciones más baratas de manera más eficiente, es decir, enviar y recibir pagos en el espacio comercial.

OMG es la primera criptomoneda que realmente ha hecho algo fuera del espacio criptográfico al asociarse con McDonald's, Tailandia. Son un producto vivo, que se utiliza en el mundo real para transacciones regulares entre

41

clientes y proveedores (McDonald's). Esta fue la razón para que esta moneda tuviera una buena tasa de crecimiento en su valor en pocos meses.

OMG planea entrar en transacciones financieras como depósitos, remesas, finanzas de la cadena de suministro, comercio B2B (comercio de negocios a negocios), mercados de fidelización, etc. Su objetivo final es permitir a los usuarios convertir su dinero fiduciario en monedas criptográficas rápida y fácilmente.

La capitalización de mercado de OMG es de $1,515,413,528 con un suministro circulante de 102,042,552 OMG fuera de su límite de suministro máximo (140,245,398 OMG).

Siacoin

Siacoin se basa en el concepto de almacenamiento en la nube descentralizado, que es similar a los almacenamientos en la nube como Dropbox, Amazon, etc. También es posible alquilar espacio de almacenamiento a otros usuarios cobrando una cierta tarifa, y puede utilizar el servicio si tiene un número específico de Siacoin. El valor de estas monedas subirá, ya que las monedas son limitadas.

El nivel de seguridad es alto con almacenamiento descentralizado, ya que es bastante imposible hackear cada bloque en la red.

La capitalización de mercado de Siacoin es $720,297,215 con 32,471,417,340 monedas en circulación.

Binance Coin (BNB)

El "Binance" de la criptomoneda basada en China introdujo su moneda digital de la firma : Binance Coin (BNB). BNB se crea en la plataforma basada en Ethereum, que ofrece descuentos a los usuarios en las tarifas en Binance Exchange - para construir un intercambio descentralizado por los recursos de blockchain.

La capitalización de mercado de BNB es de $1.300 millones que se ubicó en el puesto[27] en el rastreador CoinmarketCap a enero de 2018. El límite máximo de suministro de la moneda es de 200 millones de tokens BNB, y actualmente hay cerca de 197 millones de tokens BNB en circulación.

Ficha de atención básica (BAT)

Este token de publicidad digital se basa en la tecnología blockchain y se crea en esa plataforma Ethereum, que funciona en el concepto descentralizado. Estos tokens se ejecutan en el explorador de código abierto - Brave que se carga siete veces más rápido que los navegadores existentes. Brave navegador bloquea la interferencia de anuncios de forma automática y se concentra en la velocidad y la privacidad.

BAT (Basic Attention Token) ayuda al proporcionar una solución alternativa para el espacio de publicidad en línea existente donde se realiza un seguimiento de los usuarios sin su conocimiento, los anunciantes son víctimas constantes de fraude y los editores tienen problemas para obtener su dinero.

Ayuda a eliminar los anuncios tradicionales habituales, apoyando así tanto a los editores como a los anunciantes a generar fondos para sus sitios. La capitalización de mercado actual de BAT es de $389,567,000 y tiene un suministro circulante de 1.000.000 de monedas BAT como en fecha fuera de su límite máximo de suministro (1,500,000,000 BAT).

Decent.bet (DBET)

Decent.bet es similar a BAT y OMG, que es token de criptobasado en Ethereum, utilizado para juegos en línea (tipo de casino). La diferencia con esta moneda es - usted está con la casa, es decir, si la casa gana, usted gana! Decent.bet se conoce como la plataforma de apuestas y juegos descentralizada sports, que funciona de forma similar a Public House Shares.

Este token de criptografía se descentraliza con un libro mayor público que le mantiene al tanto del flujo de fondos, lo que lo hace más popular, ya que es transparente. Cuando se trata de casinos en línea, uno puede ser fácilmente estafado ya que nadie sabe lo que va detrás de la escena, pero con el concepto de descentralización - el flujo de dinero puede ser rastreado haciéndolo transparente.

La capitalización de mercado actual de Decent.bet es $16,455,951 con 104,906,517 DBET circulado como en fecha. El límite máximo de suministro de la moneda es 163.677.496 DBET.

FunFair (FUN)

FunFair es una plataforma blockchain basada en Ethereum utilizada como un casino en línea (juegos en línea) con un libro mayor público para crear transparencia. FUN es el token utilizado, y el ICO había recaudado con éxito cerca de 26 millones de dólares.

La única cosa que hace que se interponga aparte de los otros tokens criptográficos es : tienen su propio caso de visualización antes de lanzar la plataforma. Ofrecen demo en vivo que permite a los usuarios jugar diferentes juegos en su plataforma.

La oferta total de la moneda es de 10 mil millones de FUN, y ya hay 4 mil millones de FUN circulando en el mercado con una capitalización total del mercado de $241,753,961 como la fecha.

Einsteinium (EMC2)

Esta criptomoneda fue diseñada para financiar proyectos tecnológicos, científicos y filantrópicos, que tienen su propio algoritmo de "prueba de trabajo". La fundación Einsteinium fue lanzada oficialmente en marzo de 2017 y se registró como una NPO oficial (organización sin fines de lucro) en abril. Se convirtió en el primer NPO en el espacio criptográfico, que se centró en proyectos de investigación científica.

La capitalización de mercado de EMC2 es de $89.31 millones y tiene un suministro circulante de 216,472,070 EMC2 como fecha.

Storj

Storj es un almacenamiento en la nube descentralizado, que se basa en protocolos punto a punto y tecnología blockchain para ofrecer almacenamiento en la nube seguro, privado y eficiente. Este espacio de almacenamiento distribuido y cifrado garantizará que solo usted tenga acceso a sus datos. Este token de criptografía se basa en Ethereum blockchain y se comenzó a financiar sus proyectos de desarrollo de productos.

Storj actualmente se asocia con Microsoft Azure y Heroku, y los usuarios de esta plataforma tienen la opción de alquilar o vender su almacenamiento en la nube a cambio de tokens Storj.

La capitalización de mercado actual del token Storj es de $141,188,188 con un suministro circulante de 133,425,493 Storj fuera de su suministro total de 424,999,998 Storj.

Con tantas criptomonedas en el mercado, hemos logrado elegir los veinte altcoins populares que tienen el potencial de dar buenos rendimientos si se elige como la acción de inversión. No se olvide de hacer su propia investigación antes de finalizar en los mejores del lote.

Capítulo cinco: Resumen rápido sobre la cartera de inversiones en Bitcoin

Aunque las criptomonedas están creciendo en vigor con nuevas monedas criptográficas que entran en el mercado cada dos días, sería desconsiderado si no discutimos la primera criptomoneda 'Bitcoin' y su potencial de inversión. Esta moneda mágica comenzó la revolución blockchain hace una década y ha sido el rey de las criptomonedas desde entonces. No se puede negar que parece haber un cambio considerable en el dominio del mercado de Bitcoin a las otras criptomonedas importantes este año 2018 y los expertos predicen que este cambio continuará durante todo el año en curso.

<u>Bitcoin</u>

Bitcoin es la moneda digital descentralizada construida sobre la red peer-to-peer que opera en la tecnología blockchain. Satoshi Nakamoto publicó el libro blanco en 2008 e introdujo Bitcoin como una plataforma de código abierto en 2009. Esta moneda virtual fue la primera en introducir el concepto de descentralización garantizada que eludió la necesidad de una autoridad central para supervisar la legitimidad de las transacciones.

Bitcoin es la moneda criptográfica más difícil de extraer hoy en día, y la razón es - su creciente popularidad y el hecho de que es el "primer estándar existente" para el concepto de criptomoneda. Esta moneda ha sido una inspiración para muchas criptomonedas que están actualmente en circulación en el mercado y en general se conocen como las "monedas alternativas a Bitcoin" o Altcoins. La mayoría de los altcoins son pre-mined o 'más fácil de extraer' en comparación con la dificultad de minería Bitcoin.

La compensación con la mayoría de las nuevas criptomonedas, en comparación con Bitcoin, es:

- Factor de alto riesgo
- Cuestión de liquidez
- Dificultad para obtener 'aceptación masiva'.
- Retención de valor de las monedas

El valor de Bitcoin ha estado aumentando enormemente, y definitivamente ha habido un fuerte aumento desde 2010. El valor de Bitcoin fue de $0.39 en 2010, y en 2016 fue $952. Cuando tomamos la tasa de crecimiento de 2017 solo - el valor de precio de un Bitcoin en enero fue $1026, y en noviembre, su valor fue $7319 que es 613.35% aumento.

La capitalización total de mercado de Bitcoin como en la fecha es $165,140,653,810 que está valorado en $9,791.48 por Bitcoin. De los 21 millones de Bitcoins, alrededor de 16.865.750 BTC ya han sido distribuidos.

Plataformas de intercambio de criptomonedas

Los últimos capítulos le habrían dado un resumen sobre las diversas criptomonedas que se pueden utilizar como una herramienta de inversión potencial para comenzar su cartera de inversiones. La estrategia ideal con una buena cantidad de análisis sobre las necesidades financieras y de inversión le ayudará a elegir la moneda criptográfica correcta y una estrategia de inversión criptomoneda adecuada para la misma. Para comenzar con la cartera de inversiones, el inversor necesitará un intercambio de criptomonedas adecuado para iniciar el proceso.

Los intercambios de criptomonedas son los mercados en línea que ayudan a los compradores y vendedores de criptomonedas a comunicarse e iniciar transacciones criptográficas a través de diferentes modos de pago. Los compradores y vendedores pueden utilizar la moneda fidempara para comprar una nueva moneda criptográfica o operar una moneda criptográfica existente con una nueva criptomoneda o viceversa. Por ejemplo, los entusiastas de cripto pueden utilizar un par de divisas adecuado (XBT/USD, ETH/GBP, XRP/EUR, etc.) y el par de trading (XBT/ETH, ETH/XMR, etc.) para iniciar sus respectivas transacciones criptográficas.

Los intercambios de criptomonedas permiten a los usuarios comprar una moneda criptográfica o vender la moneda criptográfica mirando los gráficos de valor de precio en la tabla de pedidos en la plataforma de intercambio respectiva. Esto es similar al mercado de valores tradicional donde los comerciantes pueden comprar y vender sus acciones sobre la base del valor de tipo de acción mencionado en la tabla de acciones.

Para elegir el intercambio de criptomonedas adecuado

Sería sensato hacer las siguientes preguntas cuando usted va a finalizar en un intercambio de criptomonedas en particular:

- ¿Se han tomado las medidas de seguridad?
- ¿Está listo el intercambio con un método de solución alternativa en caso de que haya un ataque externo?
- ¿Qué tan bueno es el flujo de liquidez?
- ¿El intercambio es transparente al proporcionar toda la información necesaria al usuario?
- ¿Tienen una tabla clara de contenido que describe en detalle sobre la tarifa de transacción, la tarifa de verificación, los cargos varios (si los hay), etc.?
- ¿El intercambio soporta todas las principales monedas fideias?
- ¿Hay suficientes pares de trading?
- ¿Tienen varias opciones de pago?

- ¿La plataforma de intercambio tiene buenas opiniones y comentarios de los clientes existentes?
- ¿Cuál es la tasa de crecimiento de la base de usuarios de la bolsa?
- ¿La plataforma de intercambio es fácil de usar?

Cuando usted es capaz de obtener las respuestas a las preguntas mencionadas anteriormente, y usted tiene una mayor claridad sobre la funcionalidad del intercambio, entonces usted está en el camino correcto. Es crucial elegir un intercambio que se adapte a las necesidades del inversor proporcionando transacciones rápidas y fáciles, asegura transacciones rápidas con un límite de tiempo menor, ofrece opciones de almacenamiento seguro para asegurar las monedas compradas, etc.

Es posible que se pregunte por qué hay demasiado bombo en la elección del intercambio de criptomonedas perfecto. Bueno, la mayoría de los inversores criptomoneda se han vuelto doblemente cautelosos sobre la elección de su intercambio criptomoneda después de la noticia de la famosa bolsa japonesa Mt Gox conseguir hackeado se hizo viral. Los usuarios que habían almacenado sus criptomonedas en la cartera en línea del intercambio lo perdieron todo. Desde entonces, los inversores han comenzado a ser muy cuidadosos para evitar el robo de monedas, brechas de seguridad, ataques cibernéticos, etc.

¿Por qué elegir una plataforma de intercambio seguro?

La característica básica y más importante de la criptomoneda es - las transacciones son irreversibles. Un rebobinado rápido de esta característica:

Cuando se inicia una solicitud de transacción, se transmite a todos los nodos de la red blockchain, y el minero que verifica la transacción después de resolver el complejo rompecabezas criptográfico sellaría el bloque de transacciones y lo agregaría a la lista existente de la blockchain. Una vez que el bloque de transacciones verificado se incluye en la cadena de bloques, se convierte en una parte permanente de la cadena de bloques por lo que es imposible modificar o cambiar los datos de la transacción.

En el momento en que transfiere sus monedas criptográficas al destinatario respectivo, la moneda se ha ido para siempre, y no hay manera de revertir el proceso de transacción. Esto hace que sea aún más importante tener cuidado al realizar transacciones criptomoneda. Es importante evitar los siguientes errores de transacción criptomoneda:

- No triple comprobar la dirección de la billetera antes de transferir las monedas. Cuando envías la moneda a la dirección incorrecta de la billetera, no hay manera de revertirla.

- No tomar las medidas necesarias para asegurar sus monedas criptográficas al almacenarlo en 'carteras calientes.' Autenticación de dos factores, contraseñas seguras, etc. son necesarias para mantener la moneda a salvo del robo
- No proteger el PC o el Smartphone (donde está instalada la cartera) con software antivirus reconocido y actualizaciones de parches, lo que le permite ser víctima de estafas de phishing.

Es crucial hacer su propia investigación basada en sus necesidades financieras y de inversión antes de finalizar el intercambio de criptomonedas respectivo. Inversores criptomoneda experimentados aconsejan a los principiantes para evitar almacenar 'monedas criptográficas no utilizadas' en la cartera en línea de los respectivos intercambios criptomoneda, ya que siempre hay un riesgo de ser atacado por hackers o ladrones cibernéticos. Si usted no está operando con las monedas y está planeando mantenerlo por mucho tiempo, entonces es aconsejable transferir las monedas del intercambio a una cartera local (fuera de línea – cartera de hardware, cartera de papel, etc.).

El último y último paso sería volver a comprobar las tarifas de transacción, y las otras estructuras de tarifas que la plataforma de intercambio criptomoneda cobran a sus usuarios. No deberías terminar pagando más de lo que ganas. Es aconsejable leer sus términos y políticas claramente antes de registrarse en su plataforma.

Año de Altcoins

La capitalización total de mercado de las criptomonedas fue de 800.000 millones de dólares a partir de enero de 2018, y la lista de nuevos inversores criptográficos había crecido profundamente de tal manera que los principales intercambios de criptomonedas tuvieron que desactivar temporalmente los registros de los nuevos usuarios para ayudarles a mejorar su características existentes antes de asumir nuevas cuentas. No se puede negar que Bitcoin ha hecho una gran tormenta en el mercado de criptomonedas y el éxito en este espacio radica en el hecho de que más personas están buscando para explorar las otras monedas criptográficas populares o altcoin la mayoría de los cuales se ha inspirado en Bitcoin.

Las ganancias porcentuales anuales de las altcoins – Ripple, Litecoin y Ethereum fue 36018%, 5046%, y 9162% respectivamente para 2017. 2018 verá más ganancias porcentuales, y sin duda va a ser los altcoins tomando su lugar. Pero hay que entender que, por mucho que los beneficios obtenidos con estas monedas virtuales, también habrá pérdidas suficientes teniendo en cuenta el flujo de liquidez y el factor de aceptación masiva.

¿Recuerdas la "burbuja de Internet"? Había muchas empresas que quedaron obsoletas, y hubo otras que surgieron de esta burbuja triunfantemente. Amazon, Google, etc. han alcanzado grandes alturas mientras empresas como Napster, broadcast.com, etc. acaban de desaparecer. Sobrevivir a la explosión inicial y seguir prosperando depende de la hoja de ruta tecnológica y del plan estratégico. Cuando se introdujo el concepto de compras en línea, libros electrónicos, etc., muchos de ellos tenían sus propias dudas sobre cómo funcionará. Hubo discusiones sobre cómo alguien confiaría su dinero con un producto que no han visto físicamente, lo extraño que sería pedir libros en línea, etc. Pero hoy en día, todo funciona en Internet, desde artículos para el hogar hasta los productos de lujo, todos ellos están disponibles en línea, y la mayoría de la multitud prefiere comprar en línea por varias razones.

Definitivamente no podemos decir que la criptomoneda también funcionará en el mismo patrón que este espacio todavía tiene un largo camino por recorrer. Pero es cierto que esta prometedora industria ya ha llamado la atención de los frikis de la tecnología, emprendedores, vendedores, críticos, etc. y casi todos ellos aceptan el hecho de que la tecnología subyacente - blockchain - sin duda será un cambio de juego en muchos Áreas.

Conclusión

Hemos llegado al final de este libro. Me gustaría aprovechar esta oportunidad para darle las gracias una vez más por elegir este libro - *"Criptomoneda: La guía definitiva de las 20 criptomonedas que debes conocer en 2018."*

Espero sinceramente que este libro haya sido útil y le haya ayudado como lector a comprender el concepto de inversión en criptomonedas y las diversas estrategias para comenzar una cartera de inversiones. Este libro ha dado una descripción detallada de los beneficios de elegir la estrategia de inversión correcta y la necesidad de idear un plan estratégico para la misma. Los capítulos dan a los lectores un breve resumen sobre las veinte monedas criptográficas populares en el mercado y su potencial para ser la fuente de inversión para su cartera de inversiones este 2018.

El libro ha cubierto el objetivo principal, que es dar a los lectores un profundo conocimiento funcional de la inversión en criptomonedas, las estrategias de inversión y las mejores maneras posibles de ganar dinero utilizándolas. El libro también ofrece una visión general rápida del concepto de intercambios de criptomonedas y la necesidad de elegir las plataformas de intercambio adecuadas.

Depende de los inversores hacer su debida diligencia con respecto a la criptomoneda y las características que ofrece antes de finalizar en su cartera de inversión respectiva. Es crucial estudiar la capitalización de mercado total de la moneda, la oferta de circulación de la moneda, el porcentaje de crecimiento en su valor y los gráficos de negociación para tener una idea sobre la volatilidad del mercado y las fluctuaciones de precios. Este libro le ayudará con el potencial de inversión de Bitcoin y varios otros altcoins, que actualmente son populares en el mercado criptomoneda.

Cuando se trata de mercado criptomoneda, sería inteligente seguir estas famosas cotizaciones de Warren Buffett (aunque todavía no ha llegado a un acuerdo con criptomoneda!):

"Cómpralo pensando que lo mantendrás para siempre."

"Invierta durante mucho tiempo."

Espero sinceramente que este libro haya sido útil y haya ayudado a responder a la mayoría de las preguntas que tenía en mente. Mis mejores deseos para usted para elegir la moneda criptográfica correcta que mejor se adapte a las necesidades financieras y de inversión de su cartera. Como se mencionó anteriormente, no se olvide de hacer una investigación exhaustiva sobre la criptomoneda respectiva según la situación actual del mercado antes de invertir su dinero ganado con tanto tiempo en la moneda virtual.

Gracias y mejores deseos!

Recursos

https://blockonomi.com/cryptocurrency-predictions-2018/

https://Bitcoincryptocurrency.com/9-cryptocurrency-investment-mistakes/

https://stokz.com/forum/topic/20-common-mistakes-of-cryptocurrency-investors/679?page=1

https://cryptodaily.co.uk/2018/01/5-cryptocurrencies-watch-2018/

https://www.marketwatch.com/story/7-cryptocurrencies-to-watch-in-2018-if-youre-on-the-hunt-for-the-next-Bitcoin-2017-12-12

https://steemkr.com/cryptocurrency/@sid9999/cryptocoins-which-have-potential-to-double-your-investment

https://decentralize.today/ark-why-its-the-best-cryptocurrency-investment-at-the-moment-50ba82e2a04c

https://steemit.com/minnowsunite/@bjokkeb/what-is-stratis-should-i-buy-and-invest-in-stratis

https://etherscan.io/stat/supply

https://yourstory.com/2017/11/cryptocurrencies-types/

https://coinmarketcap.com/currencies/verge/

https://coinmarketcap.com/currencies/omisego/

https://www.express.co.uk/finance/city/909279/binance-coin-price-what-is-bnb-cryptocurrency-exchange

https://coinmarketcap.com/currencies/basic-attention-token/

https://coinmarketcap.com/currencies/decent-bet/

https://coinmarketcap.com/currencies/funfair/

https://www.weusecoins.com/what-is-einsteinium/

https://coinmarketcap.com/currencies/storj/

https://www.ordinaryreviews.com/2017/12/25/top-altcoins-high-potential-2018/

https://yourstory.com/2017/11/cryptocurrencies-types/

https://www.express.co.uk/finance/city/918435/ethereum-price-Bitcoin-Greg-Adams-Olga-Feldmeier-blockchain

https://medium.com/@mitaiberg/2018-year-of-the-altcoin-6319d4b5aaf5

Libro 2: Criptomoneda

Una Guía Simplificada Para Nuevos Inversores

Introducción

Me gustaría darle las gracias por comprar este libro: "Criptomoneda: guía simplificada para nuevos inversores."

El concepto principal de este libro es darle un breve resumen rápido sobre criptomoneda y explicar las diferentes estrategias de inversión de criptomoneda. Este libro le ayudará a entender la funcionalidad de la criptomoneda y los beneficios de invertir en la moneda virtual.

La criptomoneda ha alcanzado un nuevo máximo histórico en los últimos años y 2017 fue un año increíble para el mundo de las monedas digitales. Muchas nuevas monedas criptográficas se introdujeron en el mercado y la mayoría de las plataformas de intercambio de criptomonedas populares habían visto un aumento en su base de usuarios. Había muchos inversores en ciernes en el espacio criptográfico que querían explorar y hacer buen dinero utilizando las monedas virtuales. La mayoría de los inversores se están precipitando en esta área para evitar el FOMO (Miedo a perderse) y esto es una reminiscencia de la fiebre del oro.

Aunque la criptomoneda todavía está en sus primeras etapas, hay cerca de treinta criptomonedas impares, que han ganado popularidad en la tabla del mercado de monedas junto con la primera criptomoneda 'Bitcoin.' Parece que Bitcoin está sustituyendo el oro, como una tienda de valor, pero necesita ser aceptado que el mercado del oro es cincuenta veces mucho más grande que el mercado Bitcoin. La mayoría de los críticos y expertos están comparando los últimos años de las criptomonedas con la revolución de Internet que comenzó en 1990 y por lo tanto las están refiriendo como la 'década de 1990 de la criptomoneda'.

Lo básico que todo inversor criptomoneda debe entender es que invertir en criptomonedas no es diferente de invertir en los mercados de valores. Es esencial tomar todas las medidas necesarias para entender la moneda, la tecnología que utiliza, y el valor de mercado de la moneda, los riesgos involucrados y los beneficios de inversión que puede proporcionar antes de entrar en la inversión criptomoneda. La volatilidad del mercado y las fluctuaciones de precios son las dos cosas principales a tratar cuando se trata de la arena criptomoneda.

Este libro actuará como una guía para principiantes para cualquier nuevo inversor criptomoneda que quiera entender los conceptos básicos antes de entrar en el juego. Los capítulos de este libro se ocuparán de la inversión en criptomonedas, los riesgos y beneficios involucrados en la inversión en criptomonedas.

Espero que este libro sirva como una lectura interesante e informativa.

¡Feliz lectura!

Capítulo uno: Resumen rápido sobre criptomonedas

La criptomoneda no es completamente nueva y ha habido muchos experimentos fallidos en el pasado utilizando monedas virtuales antes de 2009. DigiCash fue el primer tipo de plataforma de moneda virtual que ofrecía 'eCash' como un token para fines de transacción. Se utiliza la extensión de RSA, el algoritmo de cifrado popular que fue desarrollado por el criptógrafo estadounidense 'David Chaum'. Microsoft quedó impresionado con esta nueva moneda y había ofrecido $180 millones para instalar DigiCash en todos los sistemas que utilizaban Windows como su sistema operativo, pero David Chaum rechazó la oferta, que se convirtió en una de las razones de su caída.

Otro token virtual 'eGold' fue introducido que ofrecía créditos de oro a los usuarios que habían depositado oro físicamente, y fue, de hecho, exitoso hasta que tuvo que ser cerrado debido a estafas inesperadas. Este token de oro había seguido esencialmente las huellas de 'PayPal', que ofrecía un proceso de transferencia de pago punto a punto fácil.

Aumento de las criptomonedas

La crisis económica de 2008 fue vista como un error para confiar plenamente en los bancos centrales y en el proceso financiero mundial tradicional. Se consideró como un abridor de ojos para confiar los fondos a un proveedor externo completo que de ninguna manera estaba relacionado con el remitente o receptor de las transacciones del fondo. El concepto centralizado, que depende totalmente de la autoridad gubernamental o del banco central para comprobar la legitimidad de las transacciones, debía revisarse.

Satoshi Nakamoto introdujo el concepto de descentralización cuando publicó por primera vez su libro blanco a finales de 2008. La transferencia electrónica de efectivo peer-to-peer fue explicada, y la primera criptomoneda 'Bitcoin' fue introducida en el mundo digital a principios de 2009. La tecnología subyacente utilizada en criptomonedas se conoce como 'tecnología Blockchain'. Ofrece una plataforma de código abierto descentralizada, punto a punto que se ejecuta en criptografía, proporcionando así un protocolo de transacción seguro y seguro.

La tecnología Blockchain desafía el enfoque financiero tradicional reemplazando a la autoridad central que normalmente supervisa las transacciones, con un concepto de descentralización. Este concepto es ampliamente aceptado entre los desarrolladores, usuarios, inversores, empresarios, etc. y pocos países ya han tomado medidas para regular las criptomonedas bajo políticas fiscales.

Bitcoins y Altcoins

Bitcoins no se imprimen como sus monedas fiduas (dólares, euros, rupias, etc.) pero son creados digitalmente por computadoras que utilizan software. Bitcoin funciona con una tecnología que permite a los usuarios realizar transacciones financieras sin la necesidad de pasar por una autoridad central como bancos centrales o instituciones financieras basadas en el gobierno, es decir, no necesita un banco o una pasarela de pago para iniciar criptomonedas. Bitcoin es la primera criptomoneda, que es similar a las monedas tradicionales en términos de funcionalidad, pero funciona en base a la verificación criptográfica. Bitcoin fue introducido en 2008-2009 como un sistema de pago electrónico basado en que se ejecuta en pruebas matemáticas. La razón detrás de la introducción de la tecnología blockchain y el concepto de criptomoneda fue proporcionar un medio de intercambio que no depende de ninguna autoridad central (base de datos central – bancos) pero se transferirá electrónicamente en un seguro, verificada y a prueba de manipulaciones.

Después de la exitosa aceptación de Bitcoin por la mayoría, nuevas criptomonedas se introdujeron en el mercado que utiliza la misma tecnología blockchain, pero proporcionó nuevas características, refiriéndose así a sí mismos como 'monedas alternativas a Bitcoins' o altcoins. Afirmaron ofrecer características mejoradas que la primera moneda criptográfica - Bitcoin no podía ofrecer. La capitalización de mercado total de las nuevas criptomonedas cruza más de 100.000 millones de dólares. Litecoin, Ripple, Monero, Etereum, etc. son los más populares en el mercado de criptomonedas.

Estos nuevos tipos de divisas dieron lugar al surgimiento de una industria completamente nueva a escala global, que ahora se conoce como "comercio de criptomonedas". El comercio de criptomonedas ocupa un lugar único en la industria del comercio entre los métodos tradicionales de negociación de acciones. Los mercados en línea dedicados conocidos como "intercambios de criptomonedas" para transacciones criptográficas se introdujeron a nivel mundial. Estas plataformas de intercambio eran similares a la plataforma de bolsa de valores que unió a los compradores y vendedores y les ayudó a lidiar con sus transacciones criptomoneda.

Ethereum fue la segunda criptomoneda que se introdujo en el mercado después de que el famoso Bitcoin recibió una buena respuesta en el mundo digital. Vitalik Buterin – el creador de Ethereum, se refirió a Bitcoin como el crypto-oro y Etereum como el cripto-plata. Ethereum es una plataforma de código abierto que se ejecuta en la tecnología blockchain que proporciona características tales como contrato inteligente, Ethereum Virtual Machine (EVM) y Dapps (aplicaciones descentralizadas). Ether fue el token criptográfico utilizado para alimentar las aplicaciones que se ejecutan en la plataforma Ethereum. Esta nueva plataforma entró en funcionamiento en julio de 2015 y fue bien recibida por los desarrolladores y usuarios de cripto, ya que era mucho más que criptomoneda. La ventaja con la plataforma Ethereum es que permite a individuos o grupos de negocios desarrollar su propio token de criptografía sin la necesidad de construir una tecnología blockchain desde cero, ya que la plataforma Ethereum ofrece su blockchain Ethereum para dicho propósito.

Ethereum ganó dominio sobre su predecesor 'Bitcoin' ya que es fácil de desarrollar, proporciona un culto tecnológico sobre otras plataformas blockchain y tenía una comunidad considerable de desarrolladores. Existe una asociación separada de las principales empresas de negocios del mundo que ofrecen apoyo para su desarrollo y también ayuda mediante la utilización de la plataforma. Esta asociación fue referida como Enterprise Ethereum Alliance. La capitalización bursáta total de Ethereum ya ha tocado 30.000 millones de dólares.

Visión general de la criptomoneda

La criptomoneda es una moneda virtual, que se genera por
códigos informáticos y se almacena en cadenas de
bloques. El concepto de criptomoneda utiliza técnicas de
cifrado fuerte (criptografía) para verificar las
transacciones y organizar la creación de las unidades
monetarias (tokens criptográficos) para garantizar su
seguridad. Como se mencionó anteriormente,
criptomoneda no tiene una forma física y se crea
electrónicamente con un valor de tienda similar al oro. El
valor de la criptomoneda no puede ser determinado por
una organización externa, pero determina su propio valor
similar al oro.

Los desarrolladores ya han construido los protocolos
utilizando la técnica criptográfica avanzada, que utiliza
rompecabezas matemáticos para resolver el proceso de
transacción por lo que es casi imposible para los piratas
informáticos para descifrar los bloques de transacciones
ya cifrados. La tecnología blockchain proporciona
anonimato a los usuarios que dificultan que cualquier
persona realice un seguimiento del remitente o
destinatario y se apoderen del flujo transaccional. Dado
que funciona completamente en un entorno
descentralizado, el banco central o los organismos
gubernamentales no tienen autoridad sobre las
transacciones y, por lo tanto, no pueden determinar el

valor de la moneda ni influir en la moneda de ninguna manera posible.

Las personas más importantes que son responsables del flujo de transacciones y el proceso funcional de la criptomoneda son los mineros. Utilizan el proceso conocido como "minería" para verificar las solicitudes de transacción, actualizar la transacción verificada al libro mayor distribuido y crear nuevos tokens criptográficos. Los mineros tendrán que gastar su tiempo, energía e infraestructura por lo mismo y serán recompensados con las tarifas de verificación y nuevas criptomonedas como recompensa por su proceso.

Bitcoins y otras pocas criptomonedas tienen un límite de suministro específico después del cual no se pueden crear, es decir, hay un suministro finito para la generación de monedas. Esto se debe a que el código fuente de estas monedas se desarrolla de tal manera que la tecnología blockchain permitirá a los mineros generar monedas sólo a un número específico. El límite máximo de suministro para Bitcoin es de 21 millones, y ya hay 16 millones de Bitcoins en circulación.

Esta oferta finita de criptomonedas hace que la moneda virtual sea similar al oro, ya que su oferta es escasa aumentando así su demanda, lo que en última instancia resulta en 'mayor valor'. Al igual que el oro es difícil de extraer con la escasez de los recursos, pero tiene una alta demanda de los consumidores, de manera similar pocas criptomonedas (incluyendo Bitcoin) tienen una oferta limitada por lo que es un 'valioso'. La otra ventaja importante con esta moneda virtual es - es difícil para el gobierno o las autoridades legales para controlar las transacciones de estas monedas haciendo imposible congelar o apoderarse de las cuentas de un propietario criptomoneda, ya que no está centralizado (utiliza un descentralización).

¿Qué hace que las criptomonedas sean diferentes de las monedas fideias?

Las monedas fideias son monedas tradicionales que están completamente controladas y administradas por el gobierno del país y sus respectivas instituciones financieras centrales (generalmente los bancos centrales). El gobierno diseña un cierto conjunto de reglas y regulaciones que debe seguir el plebeyo mientras utiliza la moneda fideia. El gobierno del país respectivo determina el valor de la moneda. Dólares, Euros, Yen, Dirham, Rupias, Dólares Canadienses, etc. son algunos de los más utilizados monedas fideias. Cuando hay una necesidad de generar nuevas monedas, el gobierno asume la responsabilidad de imprimir las nuevas monedas fideias en función de la demanda y proporciona el suministro a la institución financiera autorizada que a su vez se distribuirá al hombre común a través de bancos, intercambios, etc.

Las criptomonedas difieren de las monedas fidiferentes en algunos conceptos importantes:

- Concepto descentralizado
- Suministro finito
- Anonimato
- Irreversible
- Divisibilidad

Concepto descentralizado

La descentralización es la característica más importante de las criptomonedas. La red de criptomonedas no puede ser controlada por una sola institución autorizada, como los bancos centrales, pero se ejecuta en la red electrónica punto a punto mediante la resolución de complejos rompecabezas criptográficos para las transacciones que se validarán. Las personas que no se sienten cómodas con el concepto centralizado, donde sus transacciones financieras son gobernadas y controladas por bancos u organizaciones gubernamentales que de ninguna manera están relacionadas con ellos se sienten atraídas hacia el concepto de criptomonedas.

La famosa cuestión del "doble gasto" para la que el concepto de banca entró en primer lugar en el panorama se resuelve por la cadena de bloques respectiva con los esfuerzos combinados de criptografía e incentivos fiscales en criptomonedas. El sistema tradicional resuelve el problema del doble gasto entregando el poder a los bancos centrales para supervisar las transacciones y comprobar su legitimidad. ¿Qué es el doble gasto? Es el concepto de gastar la misma entidad más de una vez.

Suministro finito

Las monedas fideias tradicionales no tienen limitaciones a la hora de imprimir nuevas monedas. Los bancos centrales tienen la autoridad para emitir tantas monedas como sea necesario en función de la economía del país. Esto intenta manipular el valor de la moneda en relación con la moneda del otro país, lo que la mayor parte del tiempo resulta en inflación. En tales casos, son los titulares de divisas o los plebeyos del país (ciudadanos) los que pagan el precio por lo mismo, lo que perturba la economía.

Pero este no es el caso con la mayoría de las criptomonedas, tales como Bitcoin, éter, Litecoin, etc. donde la generación de las monedas se mantiene en control por su tecnología subyacente y el protocolo de algoritmo. Cada hora un número específico de nuevos Bitcoins sigue generando goteando el límite máximo gradualmente hasta que los 21 millones de monedas enteras han sido extraídos y circulados.

¡La escasez en la oferta y el aumento de la demanda dan lugar a un aumento en el valor del precio!

Anonimato

Los remitentes y receptores de las transacciones financieras tradicionales son rastreados en general y pueden ser fácilmente identificados por las autoridades legales para comprobar si hay lavado de dinero, evasión de impuestos u otras cuestiones oficiales. Pero esto es imposible en la mayoría de las transacciones criptomoneda, ya que las transacciones son completamente anónimas. Con la transacción Bitcoin, es posible rastrear el flujo de transacciones, pero no la identidad de los remitentes o receptores (en la mayoría de los casos).

No es necesario proporcionar una identificación personal de los usuarios criptomoneda que están enviando o recibiendo las monedas criptográficas. La transacción se verifica mediante el proceso de 'minería' y cada vez que se envía una solicitud de transacción, la autenticidad del bloque de transacciones, la confirmación de que el remitente tiene suficientes monedas criptográficas para proceder con la transacción comprobando el transacciones es lo que se requiere y por lo tanto no hay necesidad de proporcionar la "identidad personal" de los usuarios de criptomonedas.

Después de algunos casos fraudulentos y actividades ilícitas, las autoridades policiales han trabajado en los métodos necesarios para rastrear la transacción identificando la dirección de la cartera de monedas respectiva y también pueden identificar a los usuarios (si es necesario). Se ha legalizado que todos los intercambios de criptomonedas deben verificar los documentos de sus usuarios durante el proceso de registro mediante la realización de comprobaciones de identidad, contra el lavado de dinero, etc.

Irreversible

A diferencia de las monedas fideias y sus transacciones electrónicas tradicionales, es imposible revertir las transacciones criptomoneda. Puesto que esto funciona en la red descentralizada, es completamente imposible revertir una transacción una vez que se verifica, es decir, una vez que el minero confirma la solicitud de transacción, sella el bloque y lo agrega a la cadena de bloques; no hay manera de revertir el proceso ya que el bloque ahora se convierte en una parte permanente de la cadena de bloques.

Aunque esto parece demasiado estricto y estricto, ayuda a tener una transacción a prueba de manipulaciones.

Divisibilidad

Cuando hablamos de Bitcoin, es esencial saber que la unidad más pequeña de la criptomoneda se conoce como 'satoshi'. Un Satoshi es una centésima millonésima parte de un Bitcoin según el valor de precio actual, es decir, 0.00000001.

La ventaja de la divisibilidad aquí es que es posible realizar micro-transacciones que no son posibles con dinero tradicional. ¿Cómo ayuda esto? Bueno, si usted no puede permitirse comprar un Bitcoin completo debido a su costo, usted puede comprar una fracción de él o la unidad más pequeña de la misma con su dinero fiduciario para iniciar su cartera de inversión criptomoneda.

Capítulo dos: Inversión en criptomonedas

El mercado de criptomonedas se disparó a nuevas alturas a través de los gráficos de negociación y tablas de valor de precios en 2017. Hay varias razones para este repentino auge en el espacio criptográfico, y pocas de ellas son:

- Las carteras Bitcoin fueron probadas por el segundo banco más grande de Corea del Sur

- Nuevos inversores de criptomonedas siguen uniéndose al mercado de criptodivisas casi todos los días

- Ripple proporcionó oficialmente su plataforma blockchain a cientos de bancos e instituciones financieras

Aparte de las razones mencionadas anteriormente, los críticos esperan una gran cantidad de "dinero grande" para entrar en el mercado en el momento NASDAQ y el fondo de cobertura CME añade futuros Bitcoin en los próximos meses.

2018 parece ser un año significativo para el mercado de criptomonedas con tantos avances que ocurren en términos de aumentos del valor del precio y adopciones masivas de nuevas criptomonedas. Muchos de ellos se están precipitando en el área de inversión para evitar el miedo de perderse el factor (FOMO). Pero es importante hacer su propia investigación y analizar el activo cripto antes de invertir su dinero ganado duro en la moneda.

Inversión en criptomonedas

Cuando asignas un porcentaje de tus ingresos a un lado con la creencia de hacer buenas ganancias para el futuro, estás entrando en 'inversión'. El proceso de poner una parte de su dinero ganado con esfuerzo en un determinado producto que le daría algunas ganancias dentro de un período de tiempo específico se conoce como invertir. El método tradicional de inversión consiste en invertir el dinero en acciones, acciones, bonos, bienes raíces, oro, etc. El objetivo final del proceso es obtener algunos buenos rendimientos sobre la "cantidad invertida". Este importe inicial de inversión se denomina «importe de capital» o «capital». El proceso de inversión puede ser a largo plazo o a corto plazo basado en la capacidad financiera del inversionista.

La inversión en criptomonedas no es diferente de la inversión tradicional, y es sólo la tecnología y el proceso que varía. Independientemente del tipo de inversión, es crucial entender que – cada cartera de *inversión viene con una cantidad igual de riesgos y recompensas.* Siempre existe la posibilidad de perder todo el importe de capital o al menos una parte significativa de ella si las cosas no salen según lo planeado. Por lo tanto, la primera y más importante estrategia de inversión que un inversor debe seguir es– *no invertir una cantidad que no puede permitirse perder.*

Cuando usted quiere invertir en una criptomoneda, primero tendrá que comprar una criptomoneda en particular usando dinero fiduciario y luego almacenar la moneda comprada en una billetera de monedas. En base a la estrategia de inversión que elija, puede mantener la criptomoneda durante un período determinado o operar la moneda cuando el valor del precio se dispara. De cualquier manera, es esencial estudiar los gráficos comerciales, entender la tecnología subyacente de la criptomoneda elegida y analizar la fluctuación del valor del precio antes de vender la moneda para ganar dinero, es decir, obtener ganancias.

Las inversiones en criptomonedas son más arriesgadas en comparación con el método de inversión tradicional debido a las fluctuaciones de precios y la naturaleza impredecible del mercado de criptomonedas. Así que, mejor obtenga sus hechos justo antes de sumergirse en el carro. Antes de invertir en una moneda criptográfica en particular,

- Obtenga una comprensión profunda de la criptomoneda

- Estudiar su funcionalidad

- Analizar las diversas estrategias de inversión

- Compruebe la capitalización de mercado, el valor del precio y el volumen de suministro

Si usted está en el camino con todos estos puntos, entonces no es una tarea tan difícil para obtener buenos beneficios. No hay un conjunto específico de reglas para comenzar con la inversión criptomoneda, ya que depende totalmente del individuo. En función de la cantidad que desee asignar a su cartera de inversiones, puede dibujar un boceto aproximado de su plan de inversión teniendo en cuenta los siguientes puntos:

- Examine su estado financiero actual

- Conozca sus limitaciones

- Decida el período (meses o años) que desea mantener en el activo criptográfico

- Calcule su beneficio esperado, es decir, calcule aproximadamente los rendimientos

Lo mejor es seguir la regla '50-30-20' cuando se trata de decidir su asignación de inversión. Esto significa – *50 por ciento de sus ingresos deben ser para necesidades, 30 por ciento para otros gastos y 20 por ciento para ahorros.* El plan de inversión y negociación caerá bajo el último 20 por ciento de paraguas. Por lo tanto, reserva el 20 por ciento del dinero de tus ingresos para iniciar tu cartera de inversión.

La mayoría de los asesores financieros insisten en que la inversión temprana siempre es beneficiosa para ganancias de capital largas y considerables. Se agradece iniciar la cartera de inversiones en el momento en que tiene treinta años. En lugar de invertir completamente toda la asignación de inversión en la cartera de criptomonedas, sería mejor diversificar la cartera de inversiones: inversión tradicional e inversión en criptomonedas.

Puede probar 50 combinaciones tradicionales – 30 criptomonedas si tiene menos de 30 años, es decir, 50% de inversión tradicional y 30% de inversión en criptomonedas. Del mismo modo, 60 tradicionales – 20 criptomoneda y 70 tradicionales – 10 criptomoneda si usted es menor de 40 y por encima de 40 respectivamente. El 20% restante se puede mantener en efectivo para casos de emergencia.

Por ejemplo, si usted es un empleado corporativo de 25 años que actualmente está ganando alrededor de $200,000 por año, entonces su asignación sería la siguiente:

- o 50% de los ingresos por necesidades (préstamo hipotecario, comestibles, alimentos, etc.), es decir, $100,000

- 30% de los ingresos por otros gastos (película, cenas, etc.), es decir, $60000

- 20% de los ingresos por ahorros (inversión), es decir, $40000

  - 50% tradicional, es decir, $20000

  - 30% criptomoneda es decir$ 12000

  - 20% en efectivo, es decir, $8000

Puede asignar $12000 para la inversión en criptomonedas.

La imprevisibilidad del mercado, la volatilidad del valor de los precios y el factor de alto riesgo hacen que la inversión en criptomonedas se tome con la decisión más calculada. Aunque el porcentaje mencionado aquí es mínimo para la criptomoneda, no es necesario que se adhiera necesariamente a lo mismo, pero decidir en función de su inversión y necesidades financieras.

Inversiones populares en criptomonedas

La última sección le habría dado una idea básica sobre la diferencia entre la inversión tradicional y la inversión en criptomonedas. Con la creciente popularidad de las monedas virtuales en el mundo digital, cada vez más personas se agolpan hacia este espacio. Hay cerca de 1400 criptomonedas en el mercado, y de hecho es una tarea tediosa para elegir la moneda correcta para obtener un ROI rentable (retorno de la inversión). Las inversiones en criptomonedas más utilizadas son:

- Estrategia 'Comprar y Mantener'
- Minería de criptomonedas
- Operar con márgenes

Estrategia 'Comprar y Mantener'

La estrategia "Comprar y Mantener" se considera la estrategia de inversión más segura a seguir en cualquiera de una cartera de inversión - tradicional y criptomoneda. Esta es una estrategia de inversión a largo plazo que puede ayudar a los inversores con buenas ganancias de capital y beneficios más largos.

En esta estrategia, usted puede comprar una criptomoneda y mantener la moneda durante un período específico (seis meses o un año). Después del período de retención, basado en la situación del mercado, puede cobrar la criptomoneda o operar la moneda con otra forma de criptomoneda. Lo más importante en esta inversión es que – usted no debe entrar en el "modo de pánico" mirando las fluctuaciones de precios a corto plazo, dificultades técnicas u otros factores externos.

No se ponga ansioso y hacer 'venta de pánico' cuando se ve una disminución continua de los precios o un alto bajo en el valor del precio. Pensando que más bien podría ahorrar al menos un porcentaje de la "cantidad de capital" mediante la venta de la moneda será considerado como un gran error, ya que terminará perdiendo el activo de inversión. La paciencia es importante en esta estrategia. Sólo agárrate a la moneda y espera. Evite tomar decisiones cuando no esté en un estado mental estable.

Minería de criptomonedas

La minería se puede considerar como una opción de inversión si usted está buscando para obtener algo de dinero sobre una base regular. Esta estrategia de inversión funciona para ganancias de capital a largo plazo si usted está abierto a invertir unos pocos cientos en el equipo para la configuración de minería.

El proceso de generación de nuevas criptomonedas en la verificación exitosa de bloques de transacciones mediante la resolución de complejos rompecabezas matemáticos utilizando el concepto de 'prueba de trabajo' se conoce como minería. Las personas que invierten su tiempo, dinero y energía para resolver los puzzles se conocen como 'mineros'.

Cualquier usuario criptomoneda puede convertirse en un minero si él o ella está listo para invertir una cierta cantidad para la configuración de la atmósfera minera. Los requisitos de hardware para la minería criptomoneda son una tarjeta gráfica de alta calidad, procesador de alta velocidad, buena computadora, plataforma de minería eficaz, el software de aplicación de minería requerido, membresía de la piscina minera y toda la energía eléctrica. Una vez que se obtiene el bloqueo del proceso, la configuración del entorno de minería de datos no es una tarea difícil.

La minería de criptomonedas se puede hacer con monedas virtuales que utilizan el protocolo de "prueba de trabajo". Hay pocas monedas que están pre-minadas y no caerán dentro de esta clase.

Trading con margen

El trading no es la estrategia de inversión adecuada para principiantes de criptomonedas, ya que esta requiere una buena cantidad de experiencia y un alto nivel de confianza. El trading requiere que los usuarios de criptomonedas tomen decisiones rápidas e inmediatas en el momento adecuado, ya que les ayudará a apoderarse de la oportunidad de negociación correcta, evitar que se mincing de una pérdida, hacer buen dinero, etc.

Si usted ha sido un comerciante de día en la bolsa de valores tradicional, entonces usted sería aún más atraído a esta estrategia, ya que esto da "gran dinero" en comparación con la inversión tradicional. Si se apodera de la oportunidad correcta, es decir, el momento perfecto en el alza del valor del precio, la capitalización de mercado de la moneda, el porcentaje de volumen de la oferta y el análisis del gráfico de trading, incluso es posible hacer millones. Sorprendente, ¿verdad? No te entusiasmes demasiado. Por mucho que exista la posibilidad de hacer 'dinero grande', es igualmente posible perder el mismo 'gran dinero'. Es necesario operar con cautela.

Todo dicho y hecho, la mayoría de los expertos aconsejan contra el 'día de comercio' cuando se trata de la inversión criptomoneda, ya que es una tarea demasiado estresante y puede dar una crisis nerviosa en segundos. Pero si usted está seguro en el concepto de trading, entonces asegúrese de lo siguiente:

- Reconocer las diversas técnicas de trading
- Analizar los gráficos de trading
- Estudiar los rollos de precios
- Comprender las fluctuaciones del mercado

Cuando usted ha ideado una tabla de negociación adecuada basada en el resultado de los factores mencionados anteriormente, es muy posible reconocer los próximos rollos de precios y averiguar la razón detrás de la misma.

¿Cómo elegir la criptomoneda correcta?

Con tantas criptomonedas haciendo su ronda en el mundo digital, es de hecho toda una tarea para elegir la mejor criptomoneda para invertir. La revolución de las criptomonedas ya había establecido un nuevo récord cuando la capitalización total de mercado de todas las monedas criptográficas alcanzó los 700.000 millones de dólares el mes pasado (enero de 2018). Más nuevos inversores están saltando en el mercado, y la curva parece ir alto.

¿Cómo elijo la moneda correcta? ¿Cómo sabré cuál es la moneda correcta? ¿De verdad debo entrar en criptomoneda? ¿Hay un patrón a seguir? Estas preguntas siguen apareciendo en su cabeza cada vez que da un paso más cerca de esta cartera de inversiones. No se confunda y dé una idea clara comprobando lo siguiente:

- Investigación sobre la fiabilidad de la criptomoneda para evitar seguir a las víctimas a los estafadores.
- Vuelva a escribir el importe de inversión asignado y compruebe si puede actualizar el 'importe de capital' incluso si no puede obtener un beneficio inmediatamente.
- "Hacer rendimientos de las ganancias de capital" no siempre debería ser el lema. Es importante mantener el importe de capital. No lo pierdas todo tomando decisiones apresuradas
- Estudie el libro blanco de la criptomoneda elegida en su página web oficial y entienda su tecnología subyacente, objetivos a largo plazo e hitos esperados.
- Elija siempre la criptomoneda popular y de confianza que ir por las monedas menos

populares. Si usted está eligiendo la criptomoneda menos popular, hacer una investigación exhaustiva.

- No se sienta atraído por las tasas de alto beneficio o la "obtención del doble de su inversión de capital" anuncio de clasificación. Estos podrían ser los estafadores - la creación de una nueva moneda, la captación de la atención de los inversores mediante la oferta de tasas de interés atractivas, la venta de las monedas al inversor incluso antes de que se liberan en el mercado, conseguir el dinero y luego desaparecer.

- Compruebe si la empresa (creador de criptomonedas) proporciona una medida de seguridad en caso de que haya un accidente

Asegúrese de saber lo que está haciendo y por qué está haciendo lo mismo. Concéntrese en los objetivos y trabaje en consecuencia. Estudie la tecnología y la funcionalidad de la moneda antes de invertir en ella. Comprender los aspectos positivos y negativos de dicha criptomoneda.

Siempre apéguese al plan: si está buscando inversiones a largo plazo, no se desvíe del "período de tenencia" y venda sus activos a toda prisa. Del mismo modo, cuando usted está buscando para hacer dinero rápido, ir para el comercio a corto plazo. Haga su tarea y tenga un ojo de halcón en la volatilidad del mercado.

Capítulo tres: Riesgos y recompensas en la inversión en criptomonedas

Con más y más inversores entrando en el espacio criptográfico, se convierte en crucial para sopesar los riesgos y las recompensas asociadas con las criptomonedas. La inversión en criptomonedas requiere una comprensión especializada de la tecnología subyacente que utiliza, la capacidad de leer a través de las altas tasas de volatilidad y la aceptación de su imprevisibilidad del mercado. Muchos gobiernos están tomando medidas estrictas para encontrar una solución alternativa para descifrar las transacciones seguras a fin de garantizar que no haya ninguna actividad ilegal en segundo plano. La verificación contra el lavado de dinero y la confirmación de la identidad verificada son los pasos básicos que ya se ponen en acción por la mayoría de los intercambios de criptomonedas según las políticas legales del gobierno del país respectivo.

Veamos los riesgos y recompensas que implica invertir en criptomonedas este año 2018.

Riesgos en la inversión en criptomonedas

El creciente frenesí alrededor de la primera criptomoneda 'Bitcoin' y las otras criptomonedas o altcoins han incitado una palabra de precaución de muchos asesores financieros sobre los posibles riesgos involucrados al invertir en las monedas virtuales.

Los riesgos potenciales que pueden formar parte de su cartera de inversiones en criptomonedas son:

- o Alta volatilidad

- o Compromiso inadecuado de la red

- o Inconvenientes de las monedas digitales

- o Ciberatacantes

- o Inversión exploratoria

- o Entrar en el panorama global

- o Sin valor incorporado

Alta volatilidad

El nivel de volatilidad es extremadamente alto en comparación con la inversión en el mercado bursátil tradicional, es decir, acciones, acciones, bonos, bienes raíces, divisas, acciones, etc. La inversión en criptomonedas es conocida por su alta fluctuación del mercado – es muy común tener fluctuaciones tan inmensas por lo que es una rutina.

Hubo un tiempo en diciembre de 2017 cuando el valor del precio de Bitcoin rodó entre $10800 y $19300 impactante la mayoría de los inversores. Este tipo de volatilidad no se ve cuando se trata de la rutina de inversión tradicional.

Compromiso inadecuado de la red

El problema de la red se ha planteado como un problema común entre los usuarios de criptomonedas hoy en día. Con más personas que se acercan a invertir en la moneda virtual, es esencial construir una red fuerte, que puede tomar un número significativo de usuarios a la vez. Si la red no tiene éxito para llamar la atención de los usuarios o la funcionalidad de la red cae con demasiada frecuencia, entonces en última instancia el valor del precio de la criptomoneda respectiva verá una caída.

Muchas monedas criptográficas no tuvieron éxito después de su lanzamiento debido a la insuficiente participación de la red.

Inconvenientes de las monedas digitales

El gobierno del país respectivo y el banco central respaldan las monedas fideias, lo que lo convierte en una parte importante de la vida de cada plebeyo. Cuando se trata de criptomonedas, el valor no está determinado por un gobierno, sino por computadoras y matemáticas complejas. Dado que la moneda no es física y no se puede sentir como sus monedas normales o billetes de dólar, todavía no tiene aceptación masiva. Además, no hay un repositorio central, y la moneda es completamente virtual. Si el sistema en el que se almacena la moneda se bloquea, entonces no hay manera de recuperar las criptomonedas a menos que haya tomado una copia de seguridad del archivo .dat de la moneda.

Por lo tanto, es aconsejable tomar una copia de seguridad de las monedas criptográficas y almacenarlo en un dispositivo de almacenamiento extensible para evitar perder todo el dinero debido a circunstancias imprevistas.

Ciberatacantes

La mayor amenaza de seguridad para cualquier transacción en línea - ya sea financiera o de negocios, es la amenaza de los atacantes cibernéticos. La piratería se ha vuelto cada vez más común, y los hackers están utilizando técnicas avanzadas en sus enfoques de ataque.

En los últimos tiempos, cryptocurrencies también han estado en el extremo receptor de estos hackers, ya que son extremadamente conocedores de la tecnología en las técnicas de hacking. Este es uno de los principales riesgos que están afectando a la industria de inversión criptomoneda, ya que los inversores de criptodivisas querrían mantenerse alejados de las monedas o sus respectivas plataformas si fueran vulnerables y expuestos a ataques cibernéticos.

Inversiones exploratorias

Las criptomonedas son extremadamente impredecibles y la inversión realizada en estas monedas puede ser altamente especulativa.

Más de $50 millones fueron robados del fondo de criptomonedas DAO en 2016, que se convirtió en la razón de una fuerte caída en el valor del precio del mercado de criptomonedas. Es extremadamente difícil para los inversores realizar un seguimiento de las fluctuaciones del mercado que ocurren debido a tales razones.

Siempre es aconsejable realizar un seguimiento del cambio de valor del precio, las fluctuaciones del mercado, los gráficos comerciales, etc. durante quince días para ayudarle a analizar las perturbaciones pasadas en el mercado y las posibles razones de la misma.

Entrar en el panorama global

Cuando entras en el panorama global, es chocante saber que los gobiernos de muchos países no están a favor de la moneda virtual, que por sí misma es un riesgo asociado con la criptomoneda.

Los intercambios de criptomonedas en el país son derribados por el Banco Central de Rusia, y esto es un revés para el creciente mercado de criptomonedas. Las inversiones en criptomonedas están bloqueadas por

China, ya que el gobierno cree que hay un inmenso margen para la corrupción. La popular institución financiera JPMorgan Chase ha declarado su abierta oposición a la primera criptomoneda – Bitcoin.

Aunque hay contratiempos como se mencionó anteriormente, hay algunos que se acercan a echar un vistazo y explorar la moneda virtual. Japón ha anunciado la criptomoneda como un activo legal, y se rumorea que otra institución financiera popular Goldman Sachs está explorando las diversas posibilidades que la criptomoneda podría ofrecer.

Sin valor incorporado

El hecho es que las criptomonedas característicamente no tienen su propio valor intrínseco. El valor de la moneda virtual depende completamente de la demanda de los inversores y entusiastas de las criptodivisas.

Otra desventaja importante es que – las criptomonedas se pueden transferir sin ningún mediador financiero, ya que las transacciones son verificadas por códigos digitales en los ordenadores que, en cualquier momento, pueden ser vulnerables a averías o accidentes.

Invertir en la moneda virtual es similar a invertir en cualquier empresa precaria, lo que dificulta prever su potencial a largo plazo.

Aunque se trata de una cartera de inversión arriesgada, los beneficios de invertir en estas monedas virtuales crecerán mientras el valor siga creciendo.

Recompensas en inversión en criptomonedas

La inversión en criptomonedas tiene el potencial de generar enormes rendimientos sobre la cantidad de capital, ya que la mayoría de las personas financieramente exitosas en los últimos años son inversores de criptomonedas : los inversores de Bitcoin deben ser específicos. Los grandes nombres, como Richard Branson (el multimillonario), Li Ka-Shing (el hombre más rico de Asia), los fundadores de eBay, Yahoo, PayPal, etc. han invertido en Bitcoins. Junto con los riesgos, estas inversiones criptomoneda también proporcionan recompensas si los utiliza de la manera correcta.

Las recompensas, que se pueden esperar invirtiendo en estas monedas virtuales, son:

- o Buena perspectiva para devoluciones

- o Fácil de transferir

- o Abierto y transparente

- o Enormes retornos

Buena perspectiva para devoluciones

Los inversores consideran la inversión en criptomonedas como una oportunidad para hacer buenos rendimientos, ya que están completamente digitalizados. El mercado de criptomonedas es demasiado rápido, ya que el valor de las criptomonedas sigue oscilando de forma regular.

Es cierto que existe una alta posibilidad de obtener "grandes rendimientos" mientras se invierte en criptomonedas, ya sea inversión a corto o largo plazo.

Fácil de transferir

Los principales incentivos para los inversores que invierten en criptomonedas son la facilidad de transferencia que proporcionan entre individuos o empresas. No sólo se hace la transferencia fácil, sino también seguro con la tecnología blockchain que utiliza.

Tanto las claves privadas como las públicas garantizan que la transacción realizada sea segura y segura. Las tarifas de transacción cobradas por cada transferencia de fondos son mínimas.

Abierto y transparente

La tecnología blockchain y el libro de contabilidad público distribuido que utiliza para hacer que las transacciones criptomoneda completamente seguras.

Dado que los detalles de la transacción se actualizan de forma regular y se transmiten a toda la red, garantiza una mejor responsabilidad.

Cada solicitud de transacción que se inicia, verifica, estampó y anexa a la cadena de bloques en la red ofrece transparencia, manteniendo así a los inversores en el bucle sobre lo que está sucediendo en la red blockchain de la criptomoneda respectiva.

Aunque el riesgo y la imprevisibilidad son altos, no se puede negar los rendimientos masivos que estas inversiones criptomoneda pueden ofrecer en la compensación con los beneficios exploratorios. Por ejemplo, si hubiera invertido $2000 en Bitcoin en el año 2013, el valor actual de la inversión Bitcoin definitivamente cruzaría $400,000 como en la fecha.

Enormes retornos

Las ofertas iniciales de monedas (ICO) de las criptomonedas tienen enormes rendimientos generativos en un corto período de tiempo. El aumento porcentual que presenciaron en estas monedas es masivo.

Por ejemplo, Stratis había examinado un aumento de 63.000 por ciento en su precio cuando recaudó alrededor de $600,000 durante el ICO en 2016. Otra criptomoneda, Spectrecoin había observado un aumento del 13.000 por ciento cuando había recaudado $15,000 durante el ICO en enero de 2016.

Usted no puede negar el hecho de que criptomoneda es riesgoso, pero dan enormes rendimientos si usted toma medidas para trabajar en la estrategia correcta del modo de inversión. No es de extrañar que las inversiones en criptomonedas se comparen con las inversiones de capital riesgo (VC).

Cosas que debes saber

La mayoría de los entusiastas de las criptodivisas y expertos financieros están debatiendo sobre lo grande que una 'burbuja Bitcoin' puede esperar en los próximos días. Sienten que el potencial inquietante del Bitcoin y su tecnología blockchain subyacente sólo está sirviendo como un 'combustible' a las suposiciones y podría dirigirlo a ir más alto. Pero hay algunos que dicen lo contrario.

A principios de 2009, Bitcoin era completamente inútil, y con el tiempo alcanzó $1000 a principios de 2017. Dentro de otros doce meses, el valor del precio se disparó a cerca de $17,000 que es casi 1,900 ganancia porcentual. Según Doug Peter, economista jefe del BMO Financial Group,

"Las burbujas comienzan con una historia muy convincente, un cambio fundamental que desencadena

mucho entusiasmo y atrae mucha inversión, y a menudo lo que vemos que sucede es una buena cosa enloquece".

Los fans más indecisos de Bitcoin no permitirán que estos supuestos afecten a su cartera de inversiones, ya que no hay duda de que Bitcoin seguirá creciendo y la volatilidad de los precios va a continuar.

El otro lado de esto es que hay muchos inversores que están tratando de explorar las otras criptomonedas o Altcoins con la esperanza de hacer dinero de la misma manera que los inversores Bitcoin habían hecho durante la fase inicial de Bitcoin. Están esperando ganancias increíbles de estas nuevas monedas similares a los primeros especuladores Bitcoin.

Las razones para que la mayoría del gobierno llegue a medidas estrictas cuando se trata de criptomonedas son las siguientes:

- o Evasión fiscal

- o Transacciones ilícitas

La mayoría de los inversores sienten que es posible ocultar sus ganancias de capital con el libro de contabilidad descentralizado y carteras fuera de línea, lo que les permite evadir los impuestos. Sin embargo, muchos órganos jurídicos de los países se lo están tomando en serio y esperan que esto se refuerce pronto.

El famoso sitio web de La Ruta de la Seda, que era un refugio para el comercio de drogas en el mercado negro con criptomonedas, fue derribado en 2014, y el estadounidense de 31 años, Ross Ulbricht que creó la ilegal 'Silk Road' recibió cadena perpetua en febrero de 2015 por vender drogas ilegales por valor de 1.000 millones de dólares.

Tomás Jirikovsky, el ciudadano checo de 28 años, tuvo sus bienes incautados por el gobierno, ya que era sospechoso de lavado de dinero (40 millones de dólares robando Bitcoins) en marzo de 2015. El famoso robo de 390 millones de dólares del intercambio de criptomonedas Mt Gox fue la astuta brillantez de Mark Karpeles, francés de 30 años que también fue puesto tras las rejas por los cargos.

El primer caso de fraude de seguridad Bitcoin fue acusado contra un american Trendon Shavers de 33 años por ejecutar un esquema Ponzi, que valía $150 millones, que se declaró culpable.

Hubo otro intercambio de criptomonedas de Corea del Sur, que fue cerrado después de un ataque cibernético en diciembre de 2017.

Es importante que los inversores criptomoneda para entender los riesgos y recompensas, que están disponibles en proporciones iguales cuando se trata de invertir en esta moneda virtual. Para evitar entrar en los libros equivocados de las autoridades legales, es mejor pagar sus impuestos sobre las ganancias de capital que obtiene de la inversión criptomoneda.

Si usted está operando activamente con criptomonedas, entonces los beneficios que usted hace serán considerados como el 'ingreso de la empresa' y serán gravados bajo el mismo. Si usted está sosteniendo sus monedas criptográficas, entonces usted será gravado sobre sus ganancias de capital.

Capítulo cuatro: Errores a evitar en la inversión en criptomonedas

Las noticias sobre las criptomonedas están en todas partes - se puede ver como artículos de noticias, en blogs, en las redes sociales, noticias del mercado de acciones en vivo, etc. Esta ola repentina en el mercado de criptomonedas ha obligado a muchas personas a apresurarse en el espacio criptográfico debido a varias razones - escuchar amigos hablar sobre el beneficio que hicieron utilizando la moneda virtual, titulares en las noticias económicas sobre lo rentable que es la moneda, etc. Aunque muchos no tienen ni idea de la tecnología y su potencial de inversión, tienen tanta prisa por entrar en el mercado de criptomonedas. Este alboroto inesperado también ha sido una de las razones para que el valor del precio de la criptomoneda vaya alto.

Es extremadamente difícil predecir el futuro de las criptomonedas y cómo se verá su valor de mercado en los próximos años. Pero hasta entonces, es importante que cada inversor criptomoneda tome las medidas necesarias para asegurar sus activos criptográficos. Es crucial proteger su cartera de criptomonedas de las fluctuaciones de precios y la volatilidad del mercado, y tomar todas las medidas necesarias para obtener un beneficio ordenado y ordenado de su activo de capital. Usted no necesita entregar golpes magistrales para obtener buenos beneficios, pero definitivamente necesita evitar cometer ciertos errores de inversión y tener una idea sobre cómo aprovechar sus ganancias del mercado.

Errores comunes

Cada inversor experimentado podría haber cometido al menos uno de los errores que se enumeran a continuación en algún momento de su carrera de inversión. Pocos podrían haber sobrevivido al resultado, y pocos podrían haber sucumbido a 'cicatrices financieras inolvidables'.

Smitten by the Fear of missing out (FOMO)

Antes de convertirse en parte de la inversión criptomoneda, es importante hacerlo por las razones correctas. El hecho es que no todos los que se sumergen en este carro tienen una imagen clara de lo que está sucediendo en el espacio criptomoneda. La mayoría de ellos lo hacen porque sus amigos, colegas o familias lo están haciendo. Este es el mayor error que uno puede cometer, ya que básicamente está entrando en el mercado de inversión de monedas virtuales debido al miedo de perderse (FOMO). Si usted compra una moneda cripto con la creencia de que usted puede hacer rápidamente algún buen dinero similar a sus amigos, entonces usted va a sufrir una pérdida aquí.

FOMO puede ser destructivo y poco práctico cuando usted está tomando decisiones para ganancias a largo plazo. Cada nuevo inversor criptomoneda debe entender que no es posible convertirse en millonario de la noche a la mañana. Para que usted pueda ver los rendimientos decentes de su inversión en cripto, tomará un mínimo de seis meses a un año. Aferrarse a las criptomonedas es la opción más segura cuando se trata de monedas confiables y de confianza que están en el mercado durante bastante tiempo, pero si haces lo mismo con las nuevas monedas (las que se han lanzado recientemente en el mercado), tienes una alta posibilidad de perder todo.

Demasiada minería – no es buena

Era fácilmente posible hacer 'gran dinero' individualmente simplemente extrayendo Bitcoins y éteres sentados en casa, pero ya no es el caso. Con el creciente número de monedas circuladas en el mercado, la dificultad de la minería es extremadamente alta haciendo que sea difícil para los mineros 'minar' más monedas. Hoy en día, la minería requiere cálculos notablemente complejos y experimenta el efecto de 'disminuir los rendimientos'.

La minería de criptomonedas podría no funcionar para ser una inversión digna a largo plazo para un individuo. Podría funcionar para los "grupos mineros": comunidad de mineros que se unen con la configuración minera necesaria similar a las granjas para la minería efectiva. Si usted es un individuo y busca buenos rendimientos en la minería, entonces tendrá que tener acceso a la plataforma de minería correcta y un gran número de estaciones de trabajo (similar a botnet) o debe tener previamente los activos necesarios listos.

Si cree que los servicios de minería en la nube pueden ayudar sin la molestia de ponerse al día con el problema de la logística, entonces tiene razón, pero debe estar listo para esperar al menos un año para obtener beneficios sobre el monto de la inversión. Por lo tanto, si usted es nuevo en el mercado criptomoneda y está buscando para hacer un buen dinero en un corto período de tiempo, entonces es mejor evitar la minería criptomoneda por casualidad.

Víctimas de sitios de estafa

La estafa cripto más popular del mercado criptomoneda es el programa de inversión de alto rendimiento o HYIP. La mayoría de los principiantes caen presa de estos programas HYIP como la mayoría de sus sitios prometen a sus clientes para obtener rendimientos de su inversión sobre una base diaria, semanal y mensual.

¿Cómo funciona esto? HYIP haría todo a sus clientes para enviar su Bitcoin u otras monedas criptográficas a la dirección de la cartera de su respectiva compañía donde prometen invertir las monedas para 'mejores devoluciones'. Estos sitios que llevan programas HYIP no son transparentes, y no dan ninguna explicación sobre cómo se multiplicará la inversión a los rendimientos ni mencionan los métodos que utilizan para el mismo.

La mayoría de los HYIPs encapuchan a sus clientes proporcionando credenciales comerciales falsas, pruebas de pago falsas, etc. y si el inversor no es lo suficientemente inteligente como para hacer su debida diligencia en tales empresas o sitios, es fácil caer presa de tales estafas. Uno puede declarar con seguridad que el 99% de estos HYIPs operan sin la menor intención de devolver el dinero del cliente.

Dado que no hay posibilidad de producir resultados durante la noche ni hay ningún software de trading automatizado para garantizar tales rendimientos, es cierto que la mayoría de estos HYIM no son más que 'esquemas Ponzi'. Los esquemas Ponzi se sostienen hasta que el propietario decide reservar con las inversiones del cliente o el propio esquema se derrumba. No hay que dejar de lado el sorprendente hecho de que hay pocos de estos sitios que pagan a los clientes, pero de nuevo es pura suerte, por lo que es mejor entrar y salir rápido.

Modo de pánico

Si sigue pulsando su botón de pánico con demasiada frecuencia, entonces tome en cuenta que no verá ni un solo centavo de retorno en su inversión criptomoneda. Algunas de las razones comunes para activar el modo de pánico son:

- Artículo de noticias sobre una posible 'burbuja Bitcoin ráfaga' y la acción reflejo inmediata sería 'vender pánico' el activo
- Alguna discusión de blog sobre un nuevo lanzamiento de monedas criptográficas y su potencial en la inversión dará lugar a 'comprar pánico' el nuevo altcoin como la idea de lo que si se convierte en 'el próximo Bitcoin' se arrastra hacia arriba.
- La fluctuación anormal del precio de la moneda que tienes te empujará para presionar el botón 'vender' en tu intercambio de criptomonedas.

Si sigues reaccionando a cualquier cosa y todo en el mercado de criptomonedas, entonces es probable que te vuelvas loco pronto. Entradas de blog desalentadoras, atractivo comunicado de prensa sobre la moneda cambiador de juego, una gran cantidad de 'rojos' en las cartas de negociación, etc. está destinado a conseguir que emocional, pero es necesario mantener la calma y pensar lógicamente.

Las decisiones proactivas son buenas, pero las decisiones reactivas son apresuradas, así que si usted hubiera decidido un plan estratégico durante la etapa inicial de su cartera de inversión, mejor apegarse a él. ¡Querías aferrarte a una moneda, mejor agárrate a ella! No permitas que factores externos te obliguen a tomar decisiones, especialmente cuando estás ansioso.

Invertir más de lo que puede sin titular

La inversión en criptomonedas viene con un factor de alto riesgo y, por lo tanto, debe tratarse con cautela. No es más que apostar, todas las inversiones de alto riesgo lo son. Aunque el mercado de criptomonedas está creciendo cada día y hay características avanzadas con respecto a la mayoría de las criptomonedas, no se puede negar que todavía son inversiones extremadamente volátiles y exploratorias. Algunas monedas no tienen una oportunidad incluso por un día en el gráfico de pedidos, mientras que hay nuevas monedas que son sólo estafas que permiten a los desarrolladores para hacer un poco de dinero rápido.

Si usted está planeando invertir en criptomonedas y tiene una cantidad específica asignada por separado después de tomar una decisión calculada, es bueno para usted. Pero si usted está entrando en este mundo de la moneda virtual por pedir dinero prestado, entonces usted está en un riesgo financiero.

Cuando usted nota la tendencia, se puede entender fácilmente que la mayoría de las personas cometen el error de invertir en criptomoneda, impulsado por el factor de FOMO. Esto resulta en pedir prestado dinero, hipotecar sus activos existentes o poner sus ahorros de toda su vida en la inversión criptomoneda para convertirse en el próximo millonario Bitcoin o un millonario cripto.

Vistas a las principales monedas

Cuando ves otras monedas criptográficas que son más baratas de comprar, es natural atraerse a este tipo de monedas y mirar más allá de la perspectiva de las principales monedas como Bitcoin, éter, Litecoin, Dash, etc. Hay muchas monedas nuevas que aseguran retornos inmediatos, pero por desgracia, la mayoría de ellos carecen de un registro distinguido y el uso de sus respectivas cadenas de bloques. Cuando se trata de volatilidad del mercado, estos nuevos competidores son aún más riesgosos en comparación con sus equivalentes establecidos con oscilaciones masivas de precios que podrían afectar a su cartera de inversiones.

Aunque las principales monedas son más costosas en comparación con las nuevas, definitivamente estarían dando a su cartera la consistencia muy necesaria, ya que están alrededor en el mercado desde hace bastante tiempo y con criptomonedas como Bitcoin, el valor del precio tiene de hecho aumentó en un 3000 por ciento en 2017.

Por lo tanto, es aconsejable diversificar su cartera y asegurarse de que las principales monedas (al menos una moneda importante) son una parte de ella, ya que tienen la capacidad de escalar verticalmente en el valor del precio en los próximos años.

No te vayas a lo grande

Si usted es un comerciante por primera vez, no salte en grandes números. Empieza a probar con porciones pequeñas. Basado en el intercambio criptomoneda en el que está operando, usted será capaz de obtener una idea básica de las formalidades y tendencias comerciales. Siempre es seguro para el comercio pequeño, ya que tendrá que ser rápido en la toma de una decisión cuando se obtiene la orden de negociación correcta. Teniendo en cuenta la volatilidad del mercado, usted tendrá que entender que los precios de las monedas criptográficas seguirácambiando cada momento, por lo que es crucial tomar la decisión correcta y al mismo tiempo ser rápido en hacerlo.

La confianza viene con experiencia y práctica, así que sé constante en tu enfoque. Comience con las órdenes de compra y venta que están en la parte inferior. Trate de órdenes de stop-loss, y con experiencia, usted recogerá las ideas de trading.

A medida que continúe operando durante bastante tiempo, poco a poco se dará cuenta de que no todos los intercambios criptomoneda funcionan en las mismas tendencias. Pueden variar en función del flujo de liquidez, las comisiones de transacción, las medidas de seguridad adoptadas, los pares de negociación disponibles y la diferencia en las opciones de negociación. Asegúrese de que el intercambio que elija para el comercio tomar suficientes medidas de seguridad en sus respectivas transacciones de usuario y si usted siente que falta en cualquier lugar de la línea a medida que opera, no dude en retirarse del intercambio respectivo.

No idear una estrategia

Independientemente del tipo de inversión en la que se involucre, es esencial elaborar un plan estratégico adecuado antes de entrar en la cartera respectiva. Hacer la tarea investigando sobre el aspecto funcional y técnico de la moneda respectiva en la que está planeando invertir, entender la estrategia de inversión con respecto a la moneda elegida y cada compra o venta que realice debe ser completamente alineado con una estrategia adecuada.

Cuando usted toma una decisión calculadora, será fácil para usted evaluar el beneficio y la pérdida que puede esperar de la respectiva operación criptomoneda. Su inversión está en un riesgo potencial cuando no tiene toda la información necesaria, que se necesita. Invertir a ciegas en una moneda sólo porque todo el mundo lo está haciendo o el comercio de la moneda en el momento en particular porque tenía un 'hunch' no va a ayudarle de ninguna manera.

Por lo tanto, es importante hacer las bases, actualizarse con la información necesaria y mantenerse alejado de FOMO antes de dar el primer paso para invertir en criptomoneda. No permitaque que sus emociones anulen sus habilidades lógicas de toma de decisiones, ya que cualquier decisión tomada cuando está ansioso terminará en graves pérdidas irreversibles. Por lo tanto, es necesario estar tranquilo y analizar la situación antes de dar el siguiente paso. No caiga en los bombos de los medios de comunicación o dejese llevar por las atractivas ofertas de tasas de interés anunciadas por las nuevas startups criptográficas.

Sea razonable y práctico en su enfoque. Manténgase actualizado sobre lo que suceda en el mercado de criptomonedas.

Por último, pero no menos importante; nunca invierta una cantidad que no pueda permitirse perder.

Capítulo Cinco: Monedas e intercambios criptográficos populares

Como se mencionó en el capítulo anterior, el factor de "miedo a perderse" puede tener una influencia dominante y arriesgante al tiempo que toma decisiones importantes de inversión o negociación con respecto a las criptomonedas. Dado que estas son las decisiones financieras que toma para sus ahorros futuros, es esencial no quedar atrapado en la locura de la influencia Bitcoin o nuevo bombo criptomoneda y hacer la investigación necesaria antes de finalizar en la elección de la moneda digital correcta.

Monedas criptográficas populares para mirar hacia fuera para en 2018

Bitcoin ya está en el mercado y se considera que es la primera opción para cualquier inversor inteligente, aunque el costo es demasiado alto en comparación con las otras monedas criptográficas. Todavía puede comprar un Bitcoin dentro de su presupuesto por ir para micro transacciones, es decir, siempre hay una opción de comprar una fracción de Bitcoin basado en el monto de la inversión asignada. Pero cuando usted está entrando en otras criptomonedas o nuevas altcoins, es importante tener en cuenta los siguientes punteros:

115

o   Lea sobre el equipo que está detrás del altcoin

o   Comprender la razón del desarrollo del nuevo altcoin

o   Analizar dónde están en términos de su misión y visión

o   Compruebe el valor del precio y evalúe si tienen el precio correcto o tienen un precio excesivo.

o   Estudiar claramente el libro blanco de la moneda respectiva

Una vez que haya seguido todos los puntos que se mencionan anteriormente, entonces usted está en el camino correcto cuando se trata de elegir la moneda que desea invertir en.

Las siguientes son las criptomonedas populares, que los expertos y analistas financieros están pidiendo a los nuevos y experimentados inversores que tenen cuidado para este año:

Litecoin (LTC)
La capitalización de mercado a enero de 2018 fue de 13.95 mil millones de dólares con una tasa de crecimiento del rendimiento del 6.025 por ciento.

Monero (XMR)
La capitalización de mercado fue de 5.950 millones de dólares con una tasa de crecimiento del desempeño de 2.596 por ciento.

Neo
$5,86 mil millones fue la capitalización de mercado con una increíble tasa de rendimiento de crecimiento de 83,570 por ciento

Cardano (ADA)
La capitalización de mercado fue de 20.21 mil millones de dólares, con una tasa de crecimiento del rendimiento del 3.296 por ciento.

Ondulación (XRP)
La capitalización de mercado fue de 95.45 mil millones de dólares con una tasa de crecimiento del desempeño de 41.040 por ciento.

IOTA (MIOTA)
La capitalización de mercado fue de 11.10 mil millones de dólares con una tasa de crecimiento del desempeño del 525 por ciento.

Bitcoin efectivo (BCH)
La capitalización de mercado fue de 45.61 mil millones de dólares con una tasa de crecimiento del desempeño del 623 por ciento.

Intercambios populares de criptomonedas

Los intercambios de criptomonedas son mercados en línea que permiten a los inversores o comerciantes comprar, vender e intercambiar monedas criptográficas por otras monedas virtuales o con monedas fidiferentes como dólares, euros, etc. Si usted es un comerciante regular con una herramienta de negociación adecuada, todavía es necesario utilizar el intercambio para la verificación de cuenta e ID. En caso de que usted no es demasiado en el comercio, pero sería el comercio rara vez, todavía hay plataformas disponibles que no requerirán una cuenta para el mismo.

Con el espacio criptomoneda explotando como nunca antes, los intercambios son las puertas de entrada para los inversores y comerciantes para unirse al mercado de criptodivisas. Con el famoso Monte Gox bajando, incluso los inversores experimentados están preocupados por la brecha de seguridad en las plataformas de intercambio, el robo de las monedas criptográficas, etc.

Hay diferentes tipos de intercambios disponibles para los usuarios de criptomonedas, y son:

- *Plataformas de trading* (sitios que conectan compradores y vendedores y cobran tarifa de transacción por cada transacción)

- *Comercio directo* (comercio directo de persona a persona que permite a los individuos intercambiar divisas a nivel mundial. No tienen precio fijo de mercado, pero cada vendedor finaliza su propia tasa de cambio)
- *Brokers* (Esto es similar a los distribuidores de divisas donde cualquier persona puede visitar para comprar monedas criptográficas al precio finalizado por el corredor)

No es una tarea fácil elegir el mejor intercambio de monedas criptográficas que pueden funcionar mejor para llevar a cabo sus expectativas y resolver todos los problemas con respecto al espacio criptográfico.

Cosas que hacer antes de finalizar un intercambio
Antes de decidir sobre un intercambio de criptomonedas en particular, es importante verificar los siguientes puntos:

- Reputación de la plataforma

- Comprender toda la estructura de tasas

- Claridad sobre los diferentes métodos de pago disponibles

- Requisitos de verificación adecuados

- Restricciones de ubicación (accesibilidad)

o   Transparencia en los tipos de cambio

o   Flujo de liquidez

o   Pares de divisas disponibles

o   Entorno fácil de usar

o   Valoraciones de revisores y usuarios

Intercambios populares y mejores criptomonedas
Muchos intercambios de criptomonedas están disponibles en el mercado, y podría llegar a ser confuso elegir el mejor entre ellos. La lista mencionada a continuación se basa enteramente en las opiniones de los usuarios y algunos otros criterios como la seguridad, accesibilidad, tarifas y un entorno fácil de usar.

o   Coinbase

o   Binance

o   Kukoin

o   Kraken

o   Géminis

o   Cex.io

- Poloniex

- Bitstamp

- Bittrex

- BitFinex

- Coinmama

- LocalBitcoins

- Bisq

Aunque este capítulo ya ha enumerado las monedas e intercambios criptográficos populares que se pueden utilizar, sigue siendo crucial hacer una investigación completa sobre los que usted elige para asegurarse de que no comete errores al crear su cartera de inversiones criptomoneda.

Conclusión

Hemos llegado al final de este libro. Me gustaría aprovechar esta oportunidad para darle las gracias una vez más por elegir este libro - " Criptomoneda: *Guía simplificada para nuevos inversores*

Sinceramente espero que este libro haya sido útil y le ayudó como lector para obtener un breve resumen rápido sobre la criptomoneda y el potencial que tiene en la arena de la inversión. Este libro habría dado una descripción detallada de los riesgos y recompensas que la cartera de inversiones tiene cuando se trata de criptomonedas. Hay un capítulo que menciona sobre las monedas criptográficas populares en el mercado y los mejores intercambios criptomoneda en los que se puede confiar para comprar y vender las criptomonedas.

El libro ha cubierto el objetivo principal, que es dar a los lectores una perspectiva de principiante sobre el conocimiento funcional de la criptomoneda, las diferentes inversiones criptomoneda y los principales errores criptomoneda que deben evitarse. El libro también ofrece una visión general rápida del concepto de intercambios de criptomonedas y la importancia de seguir una estrategia en particular.

Los respectivos inversores y comerciantes deben asumir la responsabilidad de realizar una investigación detallada, comprobar los pros y los contras de la criptomoneda que usted elija. Este libro actuará como una versión simplificada para cualquier principiante, que es completamente nuevo en criptomoneda y las opciones de inversión disponibles para las monedas digitales.

Como se menciona en el libro, es crucial para usted estudiar la moneda, entender su tecnología, analizar la capitalización de mercado, evaluar los beneficios de inversión y reconocer los riesgos involucrados antes de invertir su dinero ganado con esfuerzo en la moneda específica para comenzar su primera cartera de inversión en criptomonedas.

Espero sinceramente que este libro haya sido útil y haya ayudado a responder a la mayoría de las preguntas que tenía en mente. Mis mejores deseos para usted para iniciar su primer mercado de cartera criptomoneda mediante la idea de un plan estratégico adecuado que se adapte a sus necesidades financieras y de inversión y le ayude a finalizar con la estrategia de inversión correcta.

Gracias y mejores deseos!

Fuentes

https://www.coindesk.com/information/what-is-Bitcoin/

https://www.pastemagazine.com/articles/2017/12/a-beginners-guide-to-investing-in-Bitcoin-and-othe.html

https://forexfocus.com/major-pairs/risks-rewards-investing-cryptocurrencies-2018/

http://www.cbc.ca/news/business/cryptocurrency-Bitcoin-1.4460252

http://www.sciencemag.org/news/2016/03/why-criminals-cant-hide-behind-Bitcoin

https://Bitcoincryptocurrency.com/9-cryptocurrency-investment-mistakes/

https://cryptostreet.co/cryptocurrency-news/the-most-common-mistakes-in-cryptocurrency-investing

https://www.marketwatch.com/story/7-cryptocurrencies-to-watch-in-2018-if-youre-on-the-hunt-for-the-next-Bitcoin-2017-12-12

https://cryptoclarified.com/the-best-cryptocurrency-exchanges-2018-the-definitive-list/

https://www.bitpremier.com/best-exchanges

Libro 3: CRIPTOMONEDA

GUÍA DE 30 DÍAS PARA PRINCIPIANTES CONVIERTETE EN UN EXPERTO EN EL MUNDO DE LA CRIPTOMONEDA

Introducción

Esta guía ha sido diseñada para ayudarle a entender los conceptos básicos de la criptomoneda.

- ¿Has oído hablar de criptomonedas y quieres saber más?
- ¿Te has confundido acerca de toda la terminología que se utiliza en criptomoneda?
- ¿Está interesado en averiguar cuáles son las mejores criptomonedas y por qué?

Entonces esta guía puede ayudarlo. Pronto sabrá la diferencia entre un nodo y un bloque. Comprender qué es la minería y cómo funciona. Saber diferenciar entre las monedas buenas y las malas. Le enseñará acerca de las siguientes áreas, de una manera simple y fácil de entender:

- Quién inventó la criptomoneda y por qué
- El propósito de la criptomoneda
- Qué es la cadena de bloques y cómo funciona
- Qué es la minería y cómo funciona
- Las diferentes criptomonedas y cómo detectar las mejores
- Qué es una billetera digital y cómo usarla
- Cómo ganar dinero desde criptomoneda

Al final de cada capítulo, encontrará un plan de acción diario. Siguiendo las sugerencias dadas en el plan de acción, profundizará aún más su comprensión de la criptomoneda, cómo funciona y cómo usarlo eficazmente.

Espero que disfrutes del libro y lo encuentres informativo.

Como diría el capitán Jean Luc Picard: "Engage".

Capítulo 1: Una breve historia

Bienvenido al primer día de tu guía para principiantes de 30 días sobre criptomonedas. Al final del capítulo, encontrará un plan de acción de cuatro días. Una vez que termines el plan de acción de cuatro días, estarás listo para pasar al capítulo 2. Si continúas con el libro de esta manera, tendrás un conocimiento extremadamente profundo de la criptomoneda y cómo funciona al final de 30 días. Usted puede, por supuesto, trabajar a cualquier ritmo que se sienta cómodo con, por lo que si usted está feliz de hacer más o menos que es absolutamente bien también. Te recomiendo que trabajes en el libro y en los planes de acción para que tu aprendizaje sea progresivo y te asegure de que entiendes cada área fundamental antes de pasar a la siguiente. Feliz aprendizaje.

Comencemos

Mucha gente piensa que Bitcoin fue la primera criptomoneda en ser concebida. En verdad, el concepto de criptomoneda ha existido durante mucho más tiempo. ¿por qué? Por Internet. Cada vez compramos más cosas en Internet. Para ello, no tenemos otra opción que usar un tercero de confianza, como un banco o una compañía de tarjeta de crédito para realizar la transacción. Esto fue visto como una violación de nuestros derechos a comprar cosas en privado, sin el conocimiento de nadie más. Más bien como usar dinero en efectivo, simplemente tiene que entregarlo y recibir su compra a cambio. Nadie más, aparte de la persona que le vende el artículo, necesita saber acerca de la transacción. Este tipo de transacción se conoce como una transacción "peer-to-peer" o de persona a persona.

Uno de los mayores problemas con la creación de una moneda digital en línea capaz de trabajar de esta manera fue la seguridad. Las primeras monedas digitales creadas, criptografía decidida fue la mejor solución al problema. La criptografía es básicamente un código secreto, una forma de codificar la información para que no sea legible para nadie a menos que se descifre correctamente.

El siguiente problema fue cómo descentralizar el sistema de pago y eliminar la necesidad de organizaciones de 3ª partes de confianza. Esto se logró mediante la creación de una base de datos que funciona simultáneamente en todos los ordenadores conectados a ella en una vasta red informática de computadoras independientes llamadas "nodos". Los nodos son dirigidos por personas regulares y no instituciones financieras de todo el mundo. Cualquiera puede acceder a la base de datos. Los nodos autentican y aprueban todas las transacciones realizadas en la base de datos. Veremos esto más en detalle más adelante (véase el capítulo 4). No todas las criptomonedas funcionan de esta manera. Pero la mayoría sí.

1989 a 2008.

En 1989, un ingeniero informático, llamado Wei Dai, incontró un documento de propuesta para un "sistema de efectivo electrónico anónimo, distribuido", al que llamó "B-Money". Wei Dai trabajó para Microsoft Corporation en el diseño, estudio e implementación de criptosistemas. Es una cifra significativa, ya que pasó a tener una entrada en la creación de Bitcoin.

En 2005, Nick Szabo, que era un científico informático y también un criptógrafo, publicó un artículo titulado "Bit Gold". El documento describe una moneda que no depende de una tercera parte de confianza. También identifica que otros activos que pueden ser propiedad e intercambio sin necesidad de una tercera parte de confianza como Gold tenían sus propios problemas inherentes. No puede usarlos para pagar en línea; son difíciles de encontrar y son fácilmente robados.

Sugirió un protocolo en el que los "bits" pudieran crearse en línea y utilizarse como una forma de moneda. Estos bits necesitarían poca o ninguna participación de una[3a] parte de confianza en la transacción.

Nick también habla de usar una "función de prueba de trabajo" y una "cadena de desafío de bits", que es interesante, porque esta terminología y las ideas son sorprendentemente similares a las de la propuesta posterior hecha para bitcoin. Pero más sobre esto en un momento.

2008 a 2009

El artículo técnico llamado "Bitcoin: A Peer to Peer Electronic Cash System" de Satoshi Nakamoto fue publicado el 31 de octubre de 2008. Pero el dominio web fue comprado antes el 18 de agosto de 2008.

La verdadera identidad de Satoshi sigue siendo un misterio hasta el día de hoy, aunque hay muchas teorías. Sólo una persona, un científico informático australiano llamado Craig Steven Wright, ha afirmado alguna vez ser Satoshi. Sus afirmaciones, sin embargo, no se creen completamente y otros tienen diferentes teorías sobre la verdadera identidad de Satoshi. Estos incluyen que él es realmente Nick Szabo, el científico mencionado anteriormente como el inventor de Bit Gold. Aunque, él niega que esto sea cierto. También hay quienes creen que Satoshi, es en realidad un grupo u organización de colaboradores, que se unieron para producir el libro blanco en Bitcoin.

El software para Bitcoin se puso a disposición del público por primera vez el 03 de enero de 2009. La primera transacción de Bitcoin registrada ocurrió el 12 de enero de 2009, cuando Hal Finney, un desarrollador de videojuegos de los Estados Unidos, se esforzó por el sitio web de Bitcoin. Le gustó lo que leyó y decidió descargar el software. Como recompensa por hacerlo, se le dieron 10 Bitcoins. En este momento, era posible para cualquier persona descargar el software y ser recompensado por hacerlo mediante la recepción de Bitcoins gratis. A pesar de esto, para empezar, la idea fue un fracaso total, básicamente debido al hecho de que nadie podía ver el valor en una moneda que no tenía valor monetario.

Cuatro meses más tarde, en mayo de 2009, un joven estudiante universitario llamado Martii Malmi (también conocido como Sirius) de Finlandia, también encontró el sitio web Bitcoin.org. Las ideas detrás de Bitcoin excitaron a Martii y se puso en contacto con Satoshi en un correo electrónico, preguntando si podía ayudar de alguna manera. Martii pasó a trabajar en Bitcoin con Satoshi y re-desarrolló totalmente el sitio web de Bitcoin. El y Satoshi fueron los primeros en acuñar el término "criptomoneda" después de que fue mencionado por un miembro del foro Bitcoin.

De 2010 a 2012

El 22 de mayo de 2010, Laszlo Hanyecz informó que había comprado dos pizzas por 10.000 Bitcoin. Nos parece una locura ahora, ya que esos Bitcoin valdrían millones de dólares. Pero, en ese momento, no tenían un valor real.

El 06 de agosto de 2010, un defecto importante fue descubierto con el proceso de verificación Bitcoin, el único defecto encontrado hasta la fecha. Trascendió que las transacciones se habían verificado incorrectamente antes de su adición al registro de transacciones. El problema se solucionó rápidamente y las transacciones se eliminaron de los registros.

En mayo de 2011, Se introdujo Bitpay, una plataforma de pago en línea que funciona con Bitcoin, como lo hace PayPal para otras monedas. Bitpay está siendo aceptado por un número creciente de minoristas en todo el mundo.

A medida que la popularidad de Bitcoin creció, otras criptomonedas comenzaron a aparecer. El primero de ellos fue Litecoin, que se puso en marcha por primera vez el 13 de octubre de 2011. Litecoin se jactaba de tiempos de transacción más rápidos, mejores protocolos de cifrado y un mayor número máximo de monedas. Hoy en día, Altcoins como se les llama (alternativas a Bitcoin), un número en el 1000 y sólo es probable que continúe creciendo, al menos a corto plazo. Nuevas monedas, o fichas como se llama a algunas, se introducen casi a diario.

2013

En este año los precios de Bitcoin subieron a más de $1,000. Pero algo inesperado estaba a punto de suceder que sacudió la industria criptomoneda. China hizo ilegal que sus bancos e instituciones financieras aceptaran Bitcoin. Rápidamente se propagó el temor de que esto también pudiera suceder en otros países. Resultó en un desplome del precio Bitcoin. Como hemos visto, Bitcoin no ha tardado mucho en recuperar su valor.

Fue también en este año que el sitio web de Bitcoin tuvo una revisión importante y se puso a disposición en varios idiomas. Esto lo hizo más accesible para las personas de todo el mundo.

Los primeros cajeros a cajeros bitcoin se introdujeron en Canadá. Los cajeros inídicos de criptomonedas ahora se pueden encontrar en todo el mundo. Es posible comprar e intercambiar criptomonedas por dinero fiduciario con los cajeros.

2014

Con el fin de comprar y vender Bitcoin y otras criptomonedas, la gente tiende a utilizar los intercambios. Se trata de empresas que facilitan tales transacciones. Se cobran cargos por estos servicios y las tarifas pueden variar mucho entre ellos. Algunos intercambios le permiten comprar criptomoneda con moneda regular, llamada dinero fiduciario (Dólares, Libras, Euros, etc.), mientras que otros sólo le permiten utilizar una criptomoneda para comprar otra. La mayoría de los intercambios no le permiten comprar y vender todas las criptomonedas, por lo que es importante comprobar que ofrecen la moneda que desea comprar antes de unirse a la bolsa. Al igual que con el dinero fiduciario, los intercambios utilizan abreviaturas, de la misma manera, que los dólares estadounidenses se llaman USD, los dólares canadienses se llaman CAD, las libras esterlinas se llaman GBP y los euros se llaman EUR y así sucesivamente. Bitcoins se llaman XBC, Etereum se llama ETH, Ondulación se llama XRP y así sucesivamente.

También es bueno recordar que la mayoría de los intercambios no están regulados, por lo que hay sin escrúpulos y mal administrados por ahí. En enero de 2014, fue un verdadero shock para la industria cuando MT Gox, que era uno de los intercambios más grandes del mundo para Bitcoin, desapareció de la noche a la mañana. Nadie sabe hasta el día de hoy exactamente lo que pasó, pero Bitcoins por valor de $450 millones de dólares en el momento se habían ido.

2016

Hasta la fecha, sólo hay otra criptomoneda para experimentar incluso cerca del éxito de Bitcoin, que criptomoneda es Etereum. Ethereum sigue creciendo en fuerza y el apoyo de sus seguidores, mientras que otras criptomonedas están experimentando fluctuaciones mucho mayores.

ICO's (Initial Coin Offerings), también llegó a la escena en 2016. Los ICO son una forma de financiar nuevas startups de empresas criptomoneda. No están regulados y se utilizan para eludir el proceso regulado de aumento de capital que es requerido por los capitalistas de riesgo legítimos y los bancos. LAS campañas en línea de ICO animan a las personas interesadas en su idea de invertir en ella. Aquellos que respaldan la campaña obtienen un porcentaje de la nueva criptomoneda, a cambio de dinero fiduciario u otras criptomonedas bien establecidas, como Bitcoin.

2017

Criptomoneda experimentó un enorme crecimiento en 2017. Bitcoin y Ethereum particularmente disfrutaron de enormes ganancias en el valor de su moneda. Bitcoin pasó de menos de $1,000 al principio del año para superar $14,500 por moneda al final del mismo. Eso es un aumento en el valor de más del 1.300%. Ethereum experimentó un éxito similar, cuando su moneda comenzó el año en sólo $8.24, cuyo valor había aumentado a más de $1,300 a principios de 2018.

El 01 de abril, Bitcoin fue declarado moneda legal en Japón, causando un aumento en los inversores.

El 04 de septiembre, China prohíbe las ICO.

El 01 de diciembre, la Comisión de Comercio de Futuros de Materias Primas aprobó "Futuros Bitcoin". Esto permite a los inversores hacer apuestas sobre el precio futuro de Bitcoin.

2018

Hay noticias, tanto buenas como malas, golpeando los quioscos sobre criptomonedas sobre una base casi diaria. Es muy difícil predecir exactamente cuál es su futuro, pero con la cantidad de inversión que se está haciendo en él, dudo que desaparecerá pronto. Sus partidarios más puros predicen que un día una criptomoneda podría incluso convertirse en la moneda única del mundo. ¿Qué opinas de eso?

Plan de Acción Diaria:

Lea los siguientes white papers para obtener una comprensión mucho mayor de cada protocolo propuesto.

Día 1 - B-Money se puede encontrar en nakamotoinstitute.org/b-money/

Día 2 - Bit Gold se puede encontrar en nakamotoinstitute.org/bit-gold/

Día 3 - Bitcoin se puede encontrar en
nakamotoinstitute.org/bitcoin/

Día 4 - Ethereum se puede encontrar en
github.com/Ethereum/wiki/wiki/White-Paper/

Hay mucha información técnica en estos documentos. Trate de no quedar atrapado en él, sino tomar de ellos las ideas generales que se sugieren.

Capítulo 2: ¿De qué se trata el Fuss?

Bienvenidos al día 5. Como vimos en el capítulo anterior, criptomoneda no es sólo una moda pasajera. Se ha llamado muchas cosas, desde el futuro de la moneda mundial a una estafa. No importa lo que pienses al respecto, mucha gente cree que es el futuro de todo el dinero. Esta creencia sólo puede ser reimpuesta cuando los bancos y las organizaciones financieras de todo el mundo han tomado un gran interés en ella.

Si usted es completamente nuevo en criptomoneda, es posible que no se dé cuenta de que el lado de la moneda es sólo una parte de la historia. Las buenas criptomonedas también están respaldadas por sólidas ideas prácticas para mejorar la forma en que se hace algo o inventar formas completamente nuevas de hacer las cosas. Vamos a tomar Bitcoin. La razón por la que Se creó Bitcoin fue simple. Era satisfacer la necesidad percibida de una moneda digital que pudiera utilizarse para las transacciones punto a punto en Internet. No necesariamente ha funcionado exactamente así, pero ese era su propósito inicial. Ripple es un excelente ejemplo de una criptomoneda con una fuerte razón de ser. Su plataforma de negociación ahora está siendo utilizada por bancos y compañías de tarjetas de crédito para hacer transacciones veces más rápido, y menos costoso. Su plataforma también se utiliza para hacer que otros procesos de almacenamiento y movimiento de información sean más rápidos, fáciles y seguros.

La criptomoneda no es la imagen completa aquí, la cadena de bloques y la descentralización de los datos son lo que ha despertado tanto interés en el mundo de los negocios y más allá. La cadena de bloques es una excelente manera de almacenar datos altamente confidenciales, al mismo tiempo que facilita la actualización por parte de los usuarios basados en cualquier lugar de la red. Es básicamente una base de datos gigante, pero sin las limitaciones de la forma en que la mayoría de las bases de datos funcionan actualmente.

Una base de datos normal se mantiene en un servidor central (equipo). Se puede acceder a él por otros equipos, pero si la información necesita ser actualizada, por lo general sólo puede ser hecho por una persona a la vez. Para que esto suceda, la información tiene que ser desconectada mientras se cambia y luego se vuelve a cargar cuando se han realizado los cambios. Esto puede hacer que la información de la base de datos esté desactualizada. Si otra persona necesita hacer modificaciones a un archivo que otro usuario está actualizando, no puede, porque se bloqueará hasta que vuelva a estar en línea. Blockchain cambia todo esto. Permite que varios cambios, por cualquier número de personas que ocurran simultáneamente sin necesidad de que los archivos se desconecten. La actualización de datos se realiza automáticamente en todos los archivos del sistema cada pocos minutos.

Las aplicaciones para un sistema capaz de funcionar así, un sistema que puede mantener los datos privados sólo eso, privado, son de gran interés para cualquier número de industrias. De la atención sanitaria a los gobiernos.

Volver a las criptomonedas en sí. ¿Por qué son tan interesantes? Como ya hemos visto, la idea detrás de ellos era que trabajaran sin necesidad de una organización central, banco, etc. En última instancia, el objetivo es que si quieres comprar cualquier cosa, desde un yate de lujo hasta una caja de chocolates que puedes hacer usando criptomonedas, el punto es que solo tú y la persona a la que compraste el artículo, conoces los detalles de la transacción. Esencialmente es como usar dinero en efectivo.

En verdad, esto es lo que asusta a los gobiernos y a las instituciones financieras, están perdiendo el control. Es por eso que gobiernos como China han prohibido el uso de ellos.

La mayoría de las criptomonedas nunca serán utilizables de esta manera porque su estructura no será lo suficientemente flexible o lo suficientemente rápida para hacer frente a ella. A medida que aparecen nuevas monedas en el mercado, se están abordando muchos de los problemas. La comunidad de desarrollo de criptomonedas se esfuerza por construir criptomonedas que puedan funcionar en las plataformas más rápidas y escalables hacia arriba, capaces de operar diariamente de alto nivel.

Más allá de Internet, criptomoneda tiene el potencial de tomar completamente el control de cualquier forma de moneda dura en conjunto. En un futuro no lejano, todos podríamos mostrar nuestra billetera digital en la tienda local para comprar nuestros comestibles. La transacción sería instantánea, segura y más barata.

Todo esto todavía está lejos y por el momento estamos limitados a lo que podemos comprar con nuestras criptomonedas. El número de formas de gastarlo y el número de minoristas felices de aceptarlo sigue creciendo. Por ahora, puede usarlo para pagar por:

- **Viajes:** Un número creciente de aerolíneas y compañías de vacaciones están aceptando Bitcoin
- **Artículos de lujo:** Yates, coches, arte y joyas se pueden comprar usando criptomonedas
- **Caridad:** Las organizaciones benéficas están adoptando criptomonedas para donaciones porque obtienen la cantidad completa que se envían.
- **Bienes Raíces:** ¿Te apetece una villa de lujo? A continuación, saque sus Bitcoins.

De hecho, según steemit.com, estos son solo algunos de los nombres de los hogares que actualmente aceptan

Bitcoin: IBM, Dell, Microsoft, Tesla, Virgin America, Expedia.com, Cheapair.com, Netflix e incluso Subway. La lista verdadera es mucho más grande y sólo es probable que siga creciendo, con la elección de las monedas aceptadas también aumentando.

Es posible que te estés preguntando cómo puedes entrar en una tienda Subway, pedir tu sándwich para el almuerzo y pagar con Bitcoin. Bueno, usted ve que en realidad no tiene que utilizar un Bitcoin entero o cualquier otra criptomoneda en unidades enteras. Usted puede simplemente gastar una pequeña porción de una de sus monedas. Esto es parte de la belleza de la moneda digital.

Realistamente, en este momento las criptomonedas se utilizan principalmente para las inversiones. Como hemos visto con Bitcoin y Ethereum, grandes ganancias en valor se pueden lograr en períodos muy cortos de tiempo. Sin embargo, es aconsejable recordar que esas enormes ganancias no están garantizadas. Es igual de posible sufrir enormes pérdidas. El mundo de las criptomonedas es muy volátil.

Plan de Acción Diaria:

Día 5: Echa un vistazo a la página web Ripple.com y aprender sobre la ondulación criptomoneda. Pero también descubre ondulación neta: la idea detrás de Ripple y descubre lo que puedes descubrir sobre el equipo. Esto le dará una idea de cómo investigar otras criptomonedas que le interesan.

Día 6: Echa un vistazo a algunos videos de YouTube en: "Cómo funciona la criptomoneda".

Día 7: ¿Buscan en Internet: "¿Por qué los gobiernos y los bancos temen criptomonedas?" Lea algunos de los artículos para obtener una buena comprensión.

Día 8: ¿Una búsqueda en Internet en: "¿Qué usos tienen las criptomonedas?". Lea algunos de los artículos para comprender mejor.

Capítulo 3: ¿Qué es un Blockchain?

Una cadena de bloques es un método de almacenamiento y distribución de información. En primer lugar, imagine un documento de información que se envía a miles de equipos a través de una red. Entonces imagine esa red actualizando regularmente ese documento en todos los ordenadores cada pocos minutos. Así es como funciona la tecnología blockchain. Permite la distribución de datos digitales, haciendo que la misma versión sea visible para cualquier persona en la red. Pero lo que es importante, no permite que esos datos se copien.

El término "Blockchain" surgió del Libro Blanco de Bitcoin escrito por Satoshi. En él, utiliza el término "una cadena de bloques" y más tarde el 9 de noviembre de 2008, tuvo una conversación con Hal Finney donde se utilizó el término "blockchain". A medida que el término ganó uso popular dentro de la organización, es probable que sea cuando las dos palabras se fusionaron, para formar el término que ahora estamos familiarizados con "blockchain."

La mayoría de las criptomonedas utilizan tecnología blockchain, pero no todas. Hay nuevas criptomonedas en evolución que no tienen la intención de utilizar blockchain en absoluto. Todavía no sabemos cómo les irá a estas monedas y exactamente cómo funcionarán, pero será interesante verlas. Por ahora, sin embargo, volvamos a por qué se creó blockchain y qué es tan bueno al respecto.

Seguridad: Las cadenas de bloques se componen de una serie continua secuencial de registros, conocidos como bloques. Estos bloques registran los datos introducidos mediante funciones hash; esto significa que los datos siempre se cambian para que sean de la misma longitud y es una forma de cifrado. Evita que los datos sean fáciles de hackear. Estas funciones hash tienen marca de tiempo, por lo que no es posible cambiar los datos ni sobrescribirlos. Los datos de la cadena de bloques son prácticamente imposibles de hackear con éxito. Esto se debe a que los datos de la cadena de bloques son visibles para cualquier persona y no dependen de un solo equipo o servidor, pero se mantiene en todos los diferentes equipos (nodos), en la red simultáneamente. Debido a esto, el potencial para las aplicaciones blockchain se está buscando para su uso en otras áreas donde la seguridad es de vital importancia, incluso en el ejército.

Transparencia: La información de la cadena de bloques es visible para cualquier persona, con un ordenador que es capaz de ir en Internet.

Costo: Debido a que las transacciones son punto a punto y están autorizadas y actualizadas en minutos, son mucho más baratas que las transacciones bancarias.

Disponibilidad: como el sistema utiliza una gran red de equipos (nodos) y no solo un concentrador central, siempre está disponible. Si un nodo no está disponible o sale de la red, siempre hay más disponibles para completar la transacción.

Fiabilidad: Las bases de datos siempre han sido propensas a la corrupción y la pérdida de datos. Pueden desorganizarse y contener errores. El intercambio de datos era difícil debido a la forma en que funcionaban las bases de datos. Con blockchain estos problemas no se producen, debido a toda la base de datos (libro mayor público), está en tantos nodos en todo momento. No hay tiempo de inactividad y el sistema se actualiza automáticamente cada pocos minutos, añadiendo nuevos bloques de datos a la cadena de bloques.

Velocidad: La verificación de las transacciones bancarias, en particular las transfronterizas, puede tardar días. Con blockchain, las transacciones se verifican y se cargan en el libro mayor público en pocos minutos. Esta es la razón por la que hay tanto interés de los bancos e instituciones financieras, así como de otras empresas y organizaciones.

¿Cómo funciona una cadena de bloques?

- Cuando se realiza una transacción entre dos partes, los datos de esa transacción, incluidas sus

148

claves públicas y privadas, la cantidad de la transacción y otros datos entran en la red global de nodos para esa criptomoneda.

- Los mineros (personas con computadoras que ejecutan software de minería especializado) están trabajando continuamente en la red. Verifican que la transacción es auténtica, confirmando que las claves son correctas, que el vendedor tiene la moneda disponible para vender y el comprador tiene la autorización para comprar.

- Una vez que se comprueba la transacción, se convierte en parte de un bloque, que es una colección de otras transacciones que se produjeron cuando el libro mayor se actualizaba automáticamente.

- Un minero entonces autentica el bloque y se convierte en parte de la cadena de bloques en el libro mayor público.

Los nodos de minería se unen a la red voluntariamente, se incentivaa a hacerlo, pero veremos esto más en el siguiente capítulo sobre minería. Debido a que nadie está a cargo, es una red totalmente descentralizada.

Cada bloque de datos que se agrega al libro mayor público contiene datos que lo conectan con el bloque que se le precedió. Por eso es muy difícil de corromper. Si un hacker tratara de acceder a los datos dentro de un bloque, no sería capaz de hacerlo sin derribar todo el sistema.

La tecnología Blockchain es todavía muy nueva. Todas las aplicaciones para las que se utilizará aún no son totalmente evidentes. Sin embargo, es una tecnología que va a cambiar la forma en que se ejecutan y administran las bases de datos. Esperemos que sea un método mejor que los empleados actualmente. Permitirá métodos de autenticación digital superiores. Influir en los contratos inteligentes, el almacenamiento de archivos, la gestión de la identidad, la protección de la propiedad intelectual, la prevención del blanqueo de capitales, la gestión de datos y mucho más.

Plan de Acción Diaria:

Día 9: Mira algunos videos de YouTube sobre: "Cómo funciona Blockchain". Esto profundizará su comprensión.

Día 10: Haga una búsqueda en Internet en: "Cómo funciona una base de datos." Lee algunos artículos y observa las diferencias entre esto y una cadena de bloques.

Día 11: Haga una búsqueda en Internet en: "Cómo el uso de blockchain puede mejorar la administración de datos." Lea algunos artículos y obtenga más información.

Día 12: Haga una búsqueda en Internet sobre: "Cómo la tecnología blockchain puede mejorar los servicios

bancarios existentes". Lea los artículos para obtener más
información.

Capítulo 4: ¿Cómo diablos usted mina una moneda?

La minería tiene dos funciones, primero para verificar la nueva transacción y agregarlas a la cadena de bloques y en segundo lugar para liberar nueva moneda.

Cuando Bitcoin fue introducido por primera vez, era posible extraerlo usando sólo un ordenador doméstico ordinario. Los mineros en esos días recibirían 50 Bitcoins por verificar y cargar un bloque en el libro mayor. Esto, sin embargo, ya no es posible, ya que la potencia informática ahora necesaria para extraer criptomonedas ha aumentado drásticamente. Hoy en día se necesitan computadoras especiales llamadas "Mining Rigs" capaces de ejecutar programas informáticos especializados. Esto se debe a que son necesarios para resolver problemas matemáticos muy complejos.

En los primeros días de la criptomoneda, fueron sólo los entusiastas de la criptografía que utilizaron sus sistemas para la minería, para la diversión. Sin embargo, debido al enorme valor financiero de algunas monedas criptomoneda, la minería se ha convertido en un gran negocio. Hay empresas que tienen almacenes llenos de hardware informático dedicado a la minería. Consorcios o piscinas mineras también se han vuelto muy populares para que el costo del equipo, software y enormes cantidades de electricidad necesaria se pueda nifique junto con las recompensas.

La minería de un bloque requiere que los mineros resuelvan cálculos matemáticos muy complejos. Se hace difícil lograrlo a propósito. Esto es para mantener la tasa constante a la que se agregan las transacciones y evita que el sistema se vea abrumado.

A medida que más mineros con tecnología minera más compleja se han unido a las redes, por lo que el número de bloques aumenta, pero también lo hace la complejidad de los algoritmos matemáticos que los mineros están obligados a resolver. Esto mantiene el equilibrio dentro del sistema.

Cuando un menor tiene éxito en el cálculo del algoritmo correctamente, son recompensados por el lanzamiento de nuevas monedas. También se les da la tasa de transacción pagadera por los que realizan la transacción.

Debido a que todos los mineros reciben la nueva información de transacción simultáneamente, tienen que competir entre sí. El primero en resolver los algoritmos matemáticos es el que recibe la recompensa. A medida que las criptomonedas crecen en valor, las recompensas que se dan por cada transacción completada se reducen.

Los equipos mineros de hoy en día tienen tarjetas gráficas súper rápidas con CPU inmensamente poderosas (unidades centrales de procesamiento). También ahora se requiere tener un ASIC (Circuito Integrado Específico de Aplicación) para minar.

La minería ya no se hace como un hobby debido a los gastos involucrados. Una plataforma minera necesita funcionar continuamente y esto atrae enormes cantidades de energía. Generalmente se considera que no es rentable. El hardware de calidad para consumidores está disponible para comprar en Bitmain y Canaan.

Unirse a un consorcio minero está ganando popularidad, ya que el costo se reparte entre los miembros. Por favor, tenga cuidado si decide involucrarse en la minería. Hay un montón de estafas alrededor y personas sin escrúpulos sólo están demasiado dispuestos a tomar su dinero. Asegúrese de investigar todo cuidadosamente primero y están totalmente satisfechos antes de involucrarse.

Plan de Acción Diaria:

Día 13: Haga una búsqueda en Internet para averiguar: "¿Qué es una plataforma minera criptomoneda." Lee algunos artículos y mira algunos videos para obtener más información. Recuerde que esta tecnología está avanzando rápidamente, así que trate de utilizar únicamente los recursos más recientes para su investigación.

Día 14: Vea algunos videos de YouTube sobre: "¿Cómo se mina criptomoneda."

Día 15: Echa un vistazo al sitio web de Bitmain y mira lo que puedes aprender.

Día 16: Buscar en Internet para obtener más información sobre las piscinas mineras y los consorcios.

Capítulo 5: ¿Cuál es la diferencia entre todos ellos?

La lista de nuevas criptomonedas parece crecer diariamente. Ahora suelen ser superiores a 1000 y nadie está seguro de dónde terminará esta cifra.

Pero no todas las criptomonedas se crean iguales, en realidad muchas no son más que un par de estudiantes de chispa brillante simplemente saltando en el carro para la diversión de la misma.

Una criptomoneda adecuada requiere varios factores importantes:

- **Un equipo fuerte de**desarrolladores, dedicados a la causa de hacer su moneda lo mejor en el mercado.
- **Un verdadero propósito para ser**. Todas las criptomonedas deben ser respaldadas con un propósito totalmente documentado y procesable.

Por ejemplo, Bitcoin fue creado para ser una moneda digital que eliminaba la necesidad de una[tercera] parte de confianza y podía realizar transacciones punto a punto en línea. Fue diseñado para utilizar criptografía y blockchain y una plataforma de comercio descentralizado. Este era su propósito. Cualquier otra criptomoneda que se introduzca con el mismo propósito debe, por lo tanto, exceder el rendimiento, seguridad, velocidad, fiabilidad, etc. de alguna manera. Esto es exactamente lo que algunos hacen. Litecoin es un buen ejemplo. Sin embargo, hay mucho más que esto.

Ripple XRP: Esta criptomoneda tiene una razón totalmente diferente de ser. A diferencia de Bitcoin, todas las monedas Ripple fueron pre-mined por la compañía antes de que fuera lanzado al mercado. Ondulación ha retenido 55 mil millones de monedas de ondulación XRP que se mantiene en depósito de garantía. La plataforma creada por Ripple para la transferencia de dinero fue diseñada específicamente para su uso por los bancos y las instituciones financieras para aumentar la velocidad, mejorar la eficiencia y disminuir los costos. Ahora ha sido adoptado por muchos bancos en todo el mundo y también está siendo utilizado por el gigante de tarjetas de crédito American Express. Se espera que más bancos e instituciones financieras también compren en la plataforma de Ripple. Ripple espera que su moneda XRP también será adoptado y utilizado como un activo digital altamente líquido. Ripple se dedica a hacer que el movimiento de dinero sea tan libre y simple como el movimiento de la información en Internet. Como puedes ver, Ripple tiene una clara e importante "razón de ser".

Etereum (ETH): Esto se conoce como "éter", y ha disfrutado de un rápido aumento de valor. Actualmente es una de las criptomonedas más fuertes del mercado. El valor de Ethereum sigue aumentando mientras que otras criptomonedas están experimentando niveles mucho mayores de inseguridad. Al igual que Bitcoin, Ethereum utiliza tecnología blockchain. Fue lanzado en 2015 por un programador e investigador de criptomonedas nacido en Rusia llamado Vatalik Buterin. Utiliza una plataforma de software descentralizada que facilita la creación y ejecución de "Contratos inteligentes" para ser construido, actualizado y ejecutado, sin necesidad de tiempo de inactividad o control de una tercera parte. No es sólo una plataforma, sino todo un lenguaje de programación, conocido como "Turing Complete". Se ejecuta en una cadena de bloques, lo que ayuda a los desarrolladores a crear, publicar y distribuir aplicaciones. A medida que los desarrolladores crean diferentes aplicaciones que pueden utilizar la plataforma Ethereum, utilizan ya sea como su moneda de negociación. Así que, en términos generales, tiene dos propósitos distintos. En primer lugar, es una moneda digital negociada y en segundo lugar, se utiliza dentro de la plataforma Ethereum para ejecutar aplicaciones, con el objetivo de ser utilizado para codificar, descentralizar, asegurar y el comercio casi cualquier cosa.

Litecoin (LTC): Litecoin fue creado para ser un valor más pequeño, moneda más fácilmente intercambiable. Utiliza la tecnología blockchain como su hermano mayor Bitcoin, pero sus tiempos de negociación son más rápidos.

Fue introducido en el mercado el 13 de octubre de 2011 por Charlie Lee, un ex empleado de Google.

Con el fin de averiguar qué criptomonedas tienen más valor, requiere que usted haga un poco de trabajo de detective.

1. Descubra cuál es el propósito de la criptomoneda yendo al sitio web de la moneda y leyendo toda la información al respecto. Mientras que usted está allí asegurarse de que el sitio se ve profesional, es fácil de navegar, tiene sentido y proporciona una buena cantidad de información detallada.
2. Si puede, lea el informe técnico. Puede haber mucha información técnica que no entiende, pero también se le informará de que sí lo hace y puede darle una buena visión de la moneda y su valor a largo plazo.
3. Mira los antecedentes del equipo de desarrollo. ¿Tienen las habilidades necesarias para tener éxito en sus metas?
4. Compruebe la charla de Internet y ver lo que se está diciendo sobre la moneda, bueno y malo.
5. Si la empresa detrás de la moneda ofrece software para comprobarlo y ver si funciona bien.
6. Averigua en qué cambios está disponible la moneda.
7. Mira el precio y los datos históricos de la moneda.
8. Echa un vistazo a la capitalización del mercado de divisas.

Plan de Acción Diaria:

Día 17: Ir a la página web coinmarketcap.com. Haga clic en la pestaña Cap de mercado y haga clic en Todo. Esto le muestra una lista de las principales criptomonedas en orden. Echa un vistazo. Haga clic en los gráficos a la derecha de la página para ver cómo cada una de las monedas ha hecho ganancias y pérdidas en valor. Echa un vistazo al resto del sitio web y mira lo que puedes aprender.

Día 18: Investiga dos criptomonedas que encontraste ayer en Coinmarketcap. Visite sus sitios web, mire la charla de Internet.

Día 19: Averigua qué intercambios se traducen en las dos criptomonedas que investigaste ayer.

Día 20: Investigue los intercambios que descubrió en las dos criptomonedas que investigó. Averigua si son de buena reputación con un buen historial.

Capítulo 6: ¿Cómo se realiza una transacción y qué es una cartera?

Hacer una transacción criptomoneda es bastante sencillo y las transacciones se realizan de varias maneras:

- Usted puede comprar y vender criptomonedas a través de intercambios o corredores.
- Usted puede comprar y vender ciertas criptomonedas en un cajero automático Bitcoin.
- Puede utilizar criptomoneda (principalmente Bitcoin), para comprar bienes y servicios en algunos minoristas en línea y en algunas tiendas.
- Puede registrarse como comerciante de Bitcoin y vender sus propios bienes o servicios a cambio de Bitcoin.
- Usted puede extraer una criptomoneda con el fin de ganar monedas.
- Sólo mirando una transacción Bitcoin muy simplificada, así es como funciona:
- A (el comprador) quiere comprar un Bitcoin de B (el vendedor)
- A le dice a B cuántas monedas quieren
- B indica a A cuánto costarán, incluyendo cualquier cargo
- A le da a B su clave pública de su billetera. Este es un código de 256 bits (1 y 0), con un código adicional de 160 bits al final, que es la dirección del monedero

161

- B necesita utilizar su clave privada (un código alfanumérico generado aleatoriamente matemáticamente relacionado con su dirección de billetera Bitcoin y vinculado a sus Bitcoins específicos), para instruir a la red que quieren vender algunos Bitcoins
- Toda la información se carga en la red
- La transacción es verificada por los mineros que trabajan en la red
- Tanto el comprador como el vendedor reciben una notificación de que la transacción ha sido verificada
- La transacción pasa a formar parte de un bloque y se agrega a la contabilidad pública

Si usted quería comprar algunos Bitcoin u otras criptomonedas, la mejor manera de hacerlo es ya sea mediante el uso de un intercambio o mediante el uso de un cajero automático Bitcoin. Hay muchos intercambios en línea, pero la mayoría de la gente opta por usar Coinbase, ya que se ha visto que tiene una buena reputación y también tiene algún nivel de seguro. Coinbase sólo se ocupa de unas pocas criptomonedas y aceptará dinero fiduciario para comprarlos. Coinbase utiliza la verificación de 2 partes, y tendrá que proporcionar una prueba de identidad cuando se una. Antes de que pueda comprar cualquier moneda, es necesario unirse al sitio. Esto es fácil de hacer y sólo requiere que siga los pasos que se muestran en su sitio web. En momentos ocupados puede ser difícil verificar sus documentos de identificación.

Así es como comprar criptomoneda a través de Coinbase:

1. Ve a su sitio web o descarga la aplicación Coinbase.
2. Cree su cuenta siguiendo las instrucciones dadas.
3. Se le pedirá que acepte sus términos y condiciones y proporcione documentación de identidad.
4. En el sitio web eligió la moneda que desea comprar utilizando la pestaña de compra / venta o el botón de compra.
5. Introduzca el importe que desea comprar.
6. Seleccione la billetera en la que desea que se deposite su criptomoneda recién comprada.
7. Se le pedirá que proporcione un método de pago. Puede utilizar una tarjeta de débito o crédito o poner sus datos bancarios si desea utilizar la transferencia bancaria. Tenga en cuenta que se aplican diferentes tarifas en función del método que elija. Además, que una transferencia bancaria puede tardar entre 4 y 5 días hábiles en procesarse.
8. Una vez configurado el método de pago, haz clic en la pestaña de compra o toca Comprar la aplicación.

9. Eso es si usted ha comprado alguna criptomoneda. A veces, su banco le llamará para verificar que realizó la transacción.

Hay muchos intercambios de criptomonedas diferentes. Algunos le permitirán utilizar dinero fiduciario, mientras que otros sólo permiten cripto a las transacciones criptográficas. Una vez que haya decidido qué criptomoneda desea comprar, tendrá que hacer algunas investigaciones en qué intercambios apoyan esa moneda. También es de vital importancia que compruebe la credibilidad de los intercambios antes de proceder con cualquier transacción.

¡Advertencia! Debido a la gran cantidad de transacciones criptomoneda que se están produciendo, algunos intercambios (que anteriormente tenían buena reputación), han sido totalmente abrumados. No han sido capaces de hacer frente a la demanda que se les ha impuesto. Esto, por desgracia, ha dado lugar a muchos errores graves que se cometen, y mucha gente pierde su dinero. Por favor, asegúrese de investigar a fondo un intercambio antes de usarlo. También trate de encontrar los que tienen algún tipo de pólizas de seguro u organismo regulador que los supervisa, como si se encuentra con un problema, al menos tendrá algún reparación.

Si decide probar un cajero automático Bitcoin para comprar su primera criptomoneda, tendrá que hacer lo siguiente:

1. Averigua dónde está el cajero automático más cercano. Puedes hacer esto mirando coinatmradar.com.
2. Echa un vistazo a la máquina, ver qué criptomonedas es compatible.
3. Decida qué criptomoneda desea comprar.
4. Compruebe cuáles son los límites de cantidad.
5. Decida cuántas criptomonedas desea comprar dentro de los límites.
6. Descargue una aplicación de monedero para la moneda que desea comprar en su teléfono móvil.
7. Visite la máquina y realice su compra.

Hay muchos tipos diferentes de cajeros automáticos criptomoneda y este número sólo es probable que aumente a medida que diferentes monedas ganan favor. El número de máquinas también seguirá aumentando sin duda. Encuentre aquí un ejemplo de una compra típica de Bitcoin de un cajero automático Bitcoin. Pero tenga en cuenta que las diferentes máquinas diferirán ligeramente en su funcionamiento.

1. En la pantalla, verá varias opciones - pulse "Comprar Bitcoins."

2. Introduzca su número de teléfono móvil según lo solicitado en la pantalla del cajero automático (ATM).

3. Se enviará un código de validación a su teléfono móvil. Introdúzcalo en el cajero automático (ATM).

4. Aparecerá un mensaje en la pantalla pidiéndole que escanee su huella digital. Habrá un escáner de huellas dactilares en el cajero automático, esto es normalmente una pieza separada en la máquina y no se hace en la pantalla principal en sí.

5. Una vez que su huella digital ha sido escaneada, se le pedirá que seleccione la criptomoneda que desea comprar, a menos que la máquina sólo se ocupa de Bitcoin.

6. A continuación, se le pedirá que escanee el código en su billetera digital. La mayoría de las aplicaciones de monedero digital en su teléfono móvil tienen un código QR.

7. El cajero automático le pedirá que inserte efectivo en la máquina. Tenga en cuenta que la mayoría de las máquinas solo aceptan efectivo como pago.

8. Ahora presione el botón de envío.

9. La máquina imprimirá un recibo y sus Bitcoins recién comprados aparecerán en breve en su billetera.

Cuando usted decide que ha llegado el momento de cobrar su criptomoneda, el proceso se realiza utilizando exactamente los mismos métodos. Ya sea pasando por un intercambio o usando un cajero automático.ATM. Usted tendrá que asegurarse de que el intercambio elegido o cajero automático opera en monedas fideias para que pueda convertir su criptomoneda de nuevo en dólares. Por supuesto, también puede decidir vender algunos de los Bitcoin que compró e intercambiarlo por alguna otra criptomoneda como Ethereum o Ripple, etc.

Como hemos visto en el capítulo 2, también es posible utilizar su criptomoneda para comprar bienes o servicios. Por el momento esto se hace sobre todo a través de Bitpay, que funciona bastante como PayPal. Es posible que vea el logotipo de Bitpay en algunos sitios web o en algunas tiendas minoristas. Para hacer una transacción necesitará su billetera digital y simplemente siga las instrucciones dadas.

Monedero digital

Como hemos mencionado anteriormente bastantes veces, con el fin de poseer criptomoneda, también necesita una billetera digital. Una billetera digital no tiene la criptomoneda, lo que contiene son los códigos cifrados que es necesario para que usted produzca si desea vender su criptomoneda o añadir más a su cartera.

Como se explica anteriormente en el capítulo, su monedero contiene una clave privada y una clave pública.

167

La clave privada es necesaria para vender su criptomoneda, ya que es el enlace directo a ella. Sin esta clave nunca se puede vender la criptomoneda, se compró y se pierde de manera efectiva. Su clave pública es necesaria cuando desea comprar criptomoneda y añadirlo a su cartera.

Puede mantener su criptomoneda en el intercambio donde la compró. Pero esto no se recomienda, ya que al hacerlo no está en control. Sus datos criptomoneda está en línea y por lo tanto está disponible para ser hackeado por los ladrones.

Lo que necesita hacer es tener el control total de su billetera criptomoneda usted mismo y hay varios métodos para hacer esto. Tenga en cuenta que las carteras criptomoneda son en su mayoría específicas de la moneda, lo que significa que necesitará diferentes carteras para diferentes monedas. Algunas carteras soportarán más de una moneda, pero debe asegurarse de comprobar esto cuidadosamente.

Las diferentes carteras se llaman "calientes", porque sus datos se mantienen en línea, y por lo tanto pueden ser hackeados. El otro método se llama "frío" y es preferible, ya que las carteras frías son formas de mantener sus datos fuera de línea y seguros de los piratas informáticos. También he incluido un tercer tipo, llamado semi-frío.

Opciones de almacenamiento

- **Almacenamiento en caliente**. Esto incluye: bases de datos en la nube, intercambios, PC, computadoras portátiles, tabletas y teléfonos inteligentes
- **Almacenamiento**semifrío. Esto incluye: carteras de hardware digital, portátiles dedicados, discos duros externos
- **Almacenamiento en frío**. Esto incluye: Carteras de papel y carteras cerebrales

Carteras calientes. En primer lugar, echemos un vistazo a las opciones calientes. Todos los dispositivos que pueden tener software de cartera descargado en ellos, pero que están conectados de forma permanente o regular a Internet se conocen como almacenamiento en caliente. Como ya he dicho, el problema es que sus datos pueden ser hackeados y su criptomoneda robada. Al comprar por primera vez una criptomoneda, puede ser inevitable utilizar una billetera caliente para realizar la transacción. Pero es muy sabio transferirlo a una cartera fría tan pronto como sea posible. Si tiene que dejar su moneda en un intercambio por cualquier período de tiempo, intente utilizar los intercambios que proporcionan una instalación de almacenamiento en frío. Los intercambios están siendo hackeados todo el tiempo; son un objetivo principal para los criminales que quieren conseguir sus manos en su dinero.

No sólo se pueden hackear carteras calientes, sino que si sus datos se mantienen en un PC, portátil o teléfono, también puede ser propenso a otros riesgos, como la corrupción de datos, virus, sobretensiones de energía, robo, pérdida y daño.

Monederos semifríos. Este tipo de almacenamiento es un mejor compromiso y le proporcionará una mayor protección contra los piratas informáticos. Significa usar un dispositivo en el que puedes mantener tus datos de transacciones de criptomonedas (wallet) que solo se conecta a Internet para realizar una transacción. Esto incluye:

- Carteras de hardware digitales especializadas (Ledger Nano, Trezor, Keepkey, CoolWallet, BitLox, Coinomi), que son pequeños dispositivos que se conectan a su PC o portátil a través de una conexión USB. Se pueden comprar simplemente en tiendas de computadoras, en Amazon o en otros minoristas en línea.
- Portátil dedicado donde se puede mantener diferentes carteras de divisas exclusivamente, que al igual que las carteras de hardware digital sólo se conecta a Internet cuando se desea hacer una transacción.
- También se puede utilizar un disco duro externo dedicado para esto.

Sin embargo, todavía hay algunos de los mismos problemas con todas las carteras semi-frías. La billetera todavía podría ser hackeada cuando usted entra en línea. Todavía podría sufrir corrupción de datos, daños, robos, pérdidas y sobretensiones de energía.

Carteras frías. Estos son de la vieja escuela y confían en que use su memoria, escriba cosas o imprima cosas. Al igual que cualquier otra billetera, las carteras frías se utilizan para grabar sus claves privadas y públicas. Debido al nivel de seguridad, requieren que sean largos y complejos. Echemos un vistazo más de cerca a las opciones.

- Carteras de papel. Estos son más o menos lo que usted esperaría, pedazos de papel con sus llaves públicas y privadas en ellos. Pueden ser tan de baja tecnología como simplemente escribir o imprimir la información. Sin embargo, como una palabra de advertencia, recuerde que si esa información se pierde, se daña o es robada, usted ha perdido su criptomoneda - para siempre!

Muchas criptomonedas tienen el software que puede utilizar para crear sus propias carteras de papel. Contiene toda la información en un formato escaneable y algunos incluso tienen códigos QR. Escribir las llaves no es una buena idea, ya que si tuvieras un dígito equivocado podría ser un error muy costoso. Incluso puede obtener una cinta especial evidente de manipulación que le permite ver si alguien ha intentado mirar su clave privada.

Se recomienda que no solo imprima estas carteras en un pedazo de papel normal. Pero comprar papel especializado que no se puede rasgar y es impermeable. Necesitará una impresora láser a color para imprimir su billetera. Entonces sólo tieneque mantenerlo en un lugar realmente *realmente* seguro! Las carteras de papel son realmente como bonos al portador, lo que significa que quien tenga ellos puede usarlos para acceder a la criptomoneda a la que pertenecen. Lo mejor de una cartera de papel es que nunca está en línea, por lo que no está expuesto a los piratas informáticos, no se puede corromper. Pero todavía puede ser dañado, perdido o robado.

No todas las criptomonedas se pueden almacenar en carteras de papel. Por lo tanto, si esta es su opción preferida, échale un vistazo primero. Además, tenga cuidado de dónde obtiene el software de la cartera de papel. Se recomienda sólo utilizar los propios sitios web cryptocurrencies y utilizar su software si es posible. De lo contrario, usted puede encontrar que el software permite al vendedor acceder a su información durante la transferencia y robar su criptomoneda.

- Carteras Cerebrales. Más bien como las carteras de papel, son bastante auto-explicativas. Una billetera cerebral es un método para confirmar un código de acceso, por lo general en forma de una lista de palabras aleatorias a la memoria. Esta lista de palabras le permite acceder a las claves en su billetera criptomoneda. La idea es recordar esta lista sin escribirla para que sea prácticamente imposible para cualquier otra persona tener acceso a la información. El problema con esto, por supuesto, es que lo olvidas. Una billetera cerebral definitivamente no sería mi primera opción! Hay un pequeño dispositivo de metal llamado Cryptosteel, en el que se puede hacer una copia de seguridad física de la lista. Estos dispositivos tienen la ventaja de ser bloqueables, fuego e impermeables.

Al final del día, la billetera que elegiste depende de ti. Pero realmente piensa en cuántas monedas diferentes querrás tener, el tiempo que querrás mantenerlas y cualquier problema de seguridad que pueda hacerte particularmente vulnerable. Su moneda es tan segura como su elección de cartera.

Plan de Acción Diaria:

Día 21: Haga una búsqueda en Internet en: "¿Cómo compro criptomoneda." Mira lo que puedes aprender.

Día 22: Echa un vistazo a coinatmradar.com y descubre el cajero automático más cercano a ti. A continuación, descubra qué divisas admite y qué servicios proporciona.

Día 23: Investigar el software de la billetera digital y aplicaciones en línea. A continuación, lea tantos comentarios como se puede encontrar en el software.

Día 24: Investigue el hardware de la billetera digital en línea para ver qué opciones están disponibles. Tenga en cuenta qué monedas son aceptadas por las diferentes carteras.

Día 25: Echa un vistazo a YouTube. Ver algunos videos en carteras criptomoneda. Mira si tu opinión sobre los cambios.

Capítulo 7: ¿Cómo puedo "Cash In" en criptomoneda?

Usted es más que probable consciente de las enormes sumas de dinero que muchas personas han hecho de invertir en Bitcoin. En 2010, cuando se lanzó, muy pocas personas podían apreciar su potencial. No fue hasta diciembre de 2013 que tuvo su primer pico de valor y luego en 2017 su valor explotó cuando alcanzó un máximo histórico de $19,891 por moneda en diciembre. Para aquellos que habían mantenido las monedas desde el principio cuando eran sólo $0.008. ¡Es un beneficio bastante saludable en 7 años!

Este, por supuesto, es el sueño, pero la realidad es que casi ninguna otra criptomoneda es probable que alcance este nivel de retorno de la inversión. Pero eso no significa que con alguna investigación cuidadosa todavía no se puede lograr algunos beneficios de invertir en criptomonedas. Es sólo que usted debe ser consciente de que es un mercado altamente volátil que puede experimentar no sólo increíbles máximos, sino también algunos mínimos increíbles.

Como discutimos anteriormente en el capítulo 5. No son las criptomonedas en sí mismas las que son la parte interesante o necesariamente importante. Es lo que está detrás de ellos y es donde realmente necesitas apuntar a tu investigación si quieres darte las mejores oportunidades de ser un ganador.

Además de hacer su propia investigación, mucho se puede ganar echando un vistazo a las últimas noticias y charlas en Internet. Pero algunas cosas a tener en cuenta, en primer lugar asegúrese de que la información que está leyendo está correcta hasta la fecha. Este es un mercado muy rápido; incluso unos pocos días puede hacer mucha diferencia cuando se trata de mantenerse al día con las últimas noticias. Además, compruebe que las fuentes de información son confiables de un proveedor de buena reputación.

Encontrar un ganador

La gran mayoría de las criptomonedas no tienen ninguna posibilidad de ganar dinero significativo. Esto se debe principalmente a que todos ellos están al frente sin nada para respaldarlos. Antes de poner dinero en una criptomoneda, es absolutamente esencial para usted primero para hacer su tarea y revisarlos a fondo. Lo que necesitas tener en cuenta:

- **Propósito:** Averiguar cuál es la idea detrás de la criptomoneda. ¿Qué ideas tienen y esas ideas van a ser beneficiosas para un gran mercado? ¿Sus ideas son comercializables y serán únicas? Cuanto más fuerte sea el propósito detrás de una criptomoneda, más probable es que tenga éxito. Usted será capaz de descubrir la mayor parte de esta información mirando en su sitio web y leyendo su libro blanco.

- **Equipo:** ¿Tiene la criptomoneda un equipo profesional fuerte desarrollando el proyecto? ¿Cuál es el trasfondo y el nivel de participación del equipo? ¿El equipo ha estado juntos durante mucho tiempo o se ha formado recientemente? Aquí usted está buscando profesionales no sólo en la criptografía, las finanzas y la informática, sino también los miembros del equipo que han desarrollado habilidades en las criptomonedas el propósito principal como arriba. Una gran parte de esta información también debe estar disponible en el sitio web de divisas. Pero también puede investigar a los miembros del equipo buscándolos por separado y mirando otros proyectos en los que han estado involucrados.

- **Mercado: Hay más para comprobar la criptomoneda que simplemente mirar el precio actual de** la moneda y si está subiendo o bajando. Si usted hace el otro trabajo, una moneda que ha experimentado una reciente caída en el valor puede ser realmente una buena inversión. Sólo tienes que tratar de averiguar qué causó que esa caída ocurra. Esto a menudo se puede encontrar echando un vistazo a la charla de Internet sobre esa moneda o leyendo cualquier artículo de noticias disponible en ella. Además, asegúrese de mirar la capitalización de mercado, esto refleja la cantidad de dinero fiduciario

($, ,) invertido en esa criptomoneda. Si nos fijamos en dos criptomonedas diferentes con la misma capitalización de mercado, la que tiene el precio más bajo de la moneda es generalmente una mejor inversión.

- **A largo plazo:** Se ha demostrado que jugar el juego más largo puede resultar mucho más rentable que hacer el comercio a corto plazo cuando se trata de criptomoneda. Cuando digo a largo plazo, sólo ha tomado Bitcoin 7 años para alcanzar valores extraordinarios, Etereum está creciendo aún más rápido, por lo que a largo plazo no es realmente tan a largo plazo hasta que pueda obtener un buen retorno de su inversión. Sin embargo, lo que estoy tratando de hacer es esto. La criptomoneda es altamente volátil; experimenta grandes vaivenes en los valores. Si quieres darte la mejor oportunidad de hacer un gran retorno de tu inversión, tienes que ser lo suficientemente valiente para capear algunas tormentas. Si usted ha hecho su investigación correctamente, entonces usted debe tener la confianza en su criptomoneda para creer que va a hacer bien a largo plazo. La posibilidad es que a medida que el mercado de criptomonedas madura que también se ralentizará, por lo que las inversiones pueden tardar más en aumentar significativamente en valor.

- **Chatter: Mantener el oído en el suelo y escuchar el zumbido general es una buena manera de hacerse una idea de** lo que está caliente y lo que no está en el mercado. Siempre encontrarás alegrías de matar que sólo quieren predicar el desastre. Pero trate de alinear la charla con su propia investigación y tomar sus propias decisiones basadas en los hechos que conoce. Esto es apostar, al final del día algunos ganarás y otros perderás. Nada está garantizado. Pero hacer su tarea debe ayudar a minimizar las pérdidas y maximizar las ganancias.

- **Exchange/Broker:** Encontrar el intercambio adecuado o un bróker de confianza siempre es una tarea difícil. Aquí la investigación es de suma importancia. Recientemente hemos visto una serie de intercambios que anteriormente tenían buena reputación, se convierten en braggards totalmente poco confiables. Para ser justos con ellos, no es necesariamente toda su culpa. Los problemas a menudo residen en el hecho de que la industria está creciendo a un ritmo tan increíblemente rápido que sus infraestructuras simplemente no pueden hacer frente a las demandas que se les hacen. Incluso los intercambios más grandes y conocidos como Coinbase han estado luchando. Lea los comentarios de las personas que han utilizado los intercambios, vea lo que se está diciendo sobre ellos. Son un blanco caliente para los hackers también, muchos de los intercambios han sido hackeados, así que ten cuidado con estas cosas pueden y suceden. Si desea utilizar un intermediario, vuelva a tener mucho cuidado. Hay mucha gente por ahí que simplemente quiere tomar su dinero.

- **Monedero:** No olvides leer y seguir los consejos dados en el capítulo anterior sobre Monederos. Debe utilizar la cartera adecuada para la moneda en la que está invirtiendo. Usted debe elegir una cartera que sea lo más segura posible para su propia situación. Recuerda que si pierdes la información en una billetera, pierdes tu dinero.

¿Cuál es la diferencia entre Investing y Trading?

Invertir es adquirir criptomonedas y aferrarse a ella durante un período prolongado. Permitiendo que aumente y caiga de valor de forma natural, con el objetivo de que, en última instancia, se eleve a ser significativamente más valioso que cuando lo adquirió.

El comercio está adquiriendo criptomoneda y tratando de cobrar en ganancias a muy corto plazo en su valor evitando todas las caídas. Los beneficios potenciales con el comercio son (generalmente) mucho más pequeños que si usted optara por la inversión a largo plazo. Sin embargo, si usted trabaja duro en el comercio y usted tiene suerte, entonces a veces se pueden hacer ganancias razonables. Con el fin de tener éxito en el comercio, es necesario comprar cuando el precio es bajo y vender cuando el precio ha aumentado al margen de beneficio que desea.

Hay muchos tipos diferentes de trading: Day Trading, Scalp Trading, Position Trading y Swing Trading. Podrás obtener más información cuando sigas los puntos del plan de acción al final del capítulo.

El "comercio" más famoso es probablemente cuando 10.000 Bitcoins fueron intercambiados por dos pizzas en 2010. Incluso si esas pizzas estuvieran hechas de oro macizo hoy en día, todavía no valdrían tanto como los Bitcoins que se utilizaron para comprarlas.

Errores comunes y cómo evitarlos

A continuación he enumerado algunos de los errores más comunes que la gente comete. Toma nota para que no te atrapen.

- **Investigación:** He hablado mucho de esto y no puedo enfatizar lo importante que es hacer una investigación completa y exhaustiva.
- **Perder las llaves:** Perder las llaves siempre es un dolor, ¿no? Bueno, si pierde sus claves criptomoneda, los códigos que se relacionan con cualquier criptomoneda que ha comprado, entonces usted ha perdido su dinero para siempre. Asegúrese de tener una billetera segura, hacer

181

copias de seguridad y no tirar su dinero por la pérdida de sus llaves.

- **Monedero equivocado: Recuerde que las** criptomonedas tienen que mantenerse en carteras que están diseñadas para ellos. Asegúrese de que la cartera que tiene es compatible con su criptomoneda. Si pones Bitcoin en una billetera Ethereum, has perdido tu moneda esto va para todas y cada una de las criptomonedas.

- **Mina de oro:** La minería no es tan fácil como buscar oro. Requiere una gran cantidad de hardware caro, software y una gran cantidad de electricidad. Proceda con precaución.

- **Comunidad:** La comunidad criptomoneda es grande. Unirse a grupos y leer lo que tienen que decir puede darle una gran cantidad de información valiosa. Mantenga un ojo en los tableros de discusión y en los foros para ver cuál es la información más reciente. Estos recursos pueden ayudarle a evitar errores costosos.

- **Intercambios:** Realmente haga su investigación sobre los intercambios antes de usarlos. Muchas personas han perdido mucho dinero cuando un intercambio no puede completar una transacción con éxito. No te dejes atrapar así.

Por último, recuerden, cuando se trata de invertir,**"la fortuna favorece**a losvalientes." No se sienta tentado a vender demasiado pronto, o se asuste por una caída. Confía en tu investigación.

Plan de Acción Diaria:

Día 26: En la búsqueda en Internet: "Qué criptomonedas son la mejor inversión." Asegúrese de que la información esté actualizada. Para ello, puedes usar blogs, foros, artículos y vídeos de YouTube.

Día 27: Investiga dos de las criptomonedas que descubriste ayer. Visite sus sitios web, mire la razón de ser, equipo, etc.

Día 28: Averigua qué intercambios apoyan las monedas que has estado investigando.

Día 29: Investiga el comercio de criptomonedas mirando artículos, foros, blogs y videos en línea.

Día 30: Tómese su tiempo hoy para recapitular todo lo que ha aprendido y hacer cualquier investigación adicional en las áreas en las que desea saber más. Buena suerte.

Conclusión

A estas alturas deberías sentirte muy seguro de que sabes mucho sobre la criptomoneda. Usted debe ser capaz de entender:

- Cómo funciona la criptomoneda
- Por qué la tecnología criptomoneda y blockchain cambiará el futuro
- Qué es una cadena de bloques y cómo funciona
- Qué es la minería y cómo se hace
- Cómo encontrar una buena criptomoneda y reconocer una mala
- Cómo invertir y operar con éxito en criptomonedas
- Cómo evitar errores comunes

Gracias por leer el libro, esperamos que lo haya encontrado de valor y le deseamos todo el éxito en el futuro con criptomoneda.

Referencias:

Bitcoin.org

Blockgeeks.com

Coinmarketcap.com

Cryptocompare.com

Cryptocurrencyfacts.com

Forbes.com

Investopedia.com

Nakamotoinstitute.org

Ripple.comForbes.com

Tradingheroes.com

Libro 4: Criptomonedas

50 Secretos De Expertos Para Principiantes Lo Que Necesitas Saber Cuando Se Trata De Invertir En Bitcoin, Ethereum y Litecoin

Introduccion

La criptomoneda se ha convertido en una palabra de moda no sólo entre los frikis técnicos, sino también entre los inversores, ya que cada vez más personas encuentran lucrativo poner su dinero ganado con tanto trabajo en esta forma de inversión altamente volátil, pero potencialmente de alto rendimiento. Como principiante, estoy seguro de que usted está bastante nervioso con los diversos términos y frases que se están utilizando con respecto a las criptomonedas.

Este libro está escrito con el propósito expreso de ayudar a los principiantes a entender este concepto bastante cargado de técnicas para que tenga suficiente conocimiento basado en el cual puede utilizar su ácumena de inversión para participar y aprovechar esto nicho en crecimiento exponencial.

Usted tendrá que comenzar a entender acerca de las criptomonedas mediante la comprensión de cómo funciona el sistema bancario actual. El sistema bancario actual tiene múltiples ventajas y desventajas. Echemos un vistazo a algunos de ellos aquí.

Ventajas del Sistema Bancario Tradicional

- El sistema bancario es un sistema bien establecido que existe en todo el mundo
- Las tarjetas bancarias y las transacciones bancarias se intercambian desde casi todos los rincones del mundo
- No es necesario que haya ninguna conexión a Internet para acceder a su cuenta bancaria. Simplemente tiene que visitar la sucursal más cercana para ver y realizar transacciones en su cuenta.
- Usted tiene la opción de crear un contracargo en caso de fraudes

Desventajas del Sistema Bancario Tradicional

- Es propenso a la manipulación y los fraudes
- La inflación tiene el poder de erosionar el valor del efectivo en cuentas bancarias
- Hay poca o ninguna transparencia sobre cómo funcionan los sistemas bancarios
- Los cargos y comisiones bancarios son bastante altos
- Los sistemas bancarios en diferentes países se rigen de manera diferente y la conexión de los diversos sistemas puede ser bastante tediosa, ya que se utilizan múltiples monedas

Por lo tanto, aunque el sistema bancario actual está bien establecido en todo el mundo, el poder y el sistema de funcionamiento y mantenimiento están fuera de las manos de las personas que tienen las cuentas bancarias y, en su lugar, quedan en manos de los poderes que , dejándolo propenso a la manipulación.

Los creadores de criptomonedas querían tener un sistema que diera el poder del sistema y una transparencia inigualable con respecto a los cargos, tasas, etc. en manos de la gente. Veamos cómo las criptomonedas como el famoso Bitcoin y el próximo Ethereum y Litecoin, funcionan para que puedas invertir en ellas.

Chapter One: Cryptocurrency and Bitcoin

Lo primero que hay que hacer para empoderarse sobre la inversión en criptomonedas es entender los conceptos básicos del tema. La razón por la que combiné criptomoneda y bitcoin el primer capítulo es que bitcoin fue la primera criptomoneda extraída y utilizada con éxito. Por lo tanto, este capítulo responde a las siguientes preguntas:

- ¿Qué son las criptomonedas o bitcoins?
- ¿Por qué se crearon? ¿Cómo funcionan?
- ¿Cuáles son las características de las criptomonedas que les dan una ventaja sobre las monedas fideias tradicionales?

¿Qué son las criptomonedas?

El creador anónimo y desconocido de bitcoins, la primera criptomoneda, lleva el nombre de Satoshi Nakamoto. En enero de 2009, anunció que ha tenido éxito en la creación de un "sistema de efectivo electrónico peer-to-peer". Su sistema de efectivo descentralizado digitalizado prometió lo siguiente:

1. Ningún servidor centralizado o autoridad central que lo administre

2. Sin doble gasto
3. Utiliza una red punto a punto

Este sistema dio origen al mercado de criptomonedas que es hoy en día un sistema vibrante que otros han sido capaces de replicar y crear nuevas e innovadoras criptomonedas propias, muchas de las cuales están de pie fuerte y potente junto con el pionero, bitcoin. Por cierto, criptomoneda tiene su nombre porque la criptografía se utiliza para mantener el consenso en marcha. Las criptomonedas están protegidas por algoritmos matemáticos que necesitan potentes capacidades informáticas para resolver. No están asegurados por personas ni por ningún establecimiento centralizado.

Necesita entender un servidor descentralizado y duplicar el gasto. Para realizar transacciones en efectivo digital con éxito, necesitaría una red que incluye cuentas, saldos y varias transacciones que tienen lugar entre las cuentas, ¿verdad? El doble gasto (lo que significa que el titular de la cuenta no termina gastando el mismo dinero dos veces) se impide en el sistema bancario actual, ya que la información sobre estas transacciones, cuentas y saldos se mantiene en un servidor centralizado controlado y controlado por un servidor y gestionados por bancos.

En una red peer-to-peer (P2P), no existe tal autoridad centralizada o servidor. Esto significa que cada entidad que forma parte de la red punto a punto tiene que actualizar la transacción. Cada par en la red P2P tiene que tener una copia de todas las transacciones anteriores y cada nueva transacción debe actualizarse en el equipo de cada par. Esto es obligatorio para mantener las transacciones válidas para el futuro y para evitar el doble gasto.

Hasta que Satoshi Nakamoto salió con una solución para este problema aparentemente alucinante, nadie pensó que fuera posible hacer tal cosa. Satoshi trabajó con dos tecnologías existentes; criptografía y blockchain para crear criptomoneda o bitcoin como él lo llamó. Su logro fue combinar la eficacia de estas dos tecnologías para crear un sistema en el que se pueda llegar a un consenso sobre saldos, transacciones y cuentas sin necesidad de una autoridad central de terceros como los bancos. Creó bitcoin, las primeras criptomonedas en el mundo.

Por lo tanto, ahora que se explican los aspectos técnicos, permítanme eliminar todo eso y explicar las criptomonedas en lenguaje laico simple. Las criptomonedas son simplemente entradas en una enorme base de datos. Nadie puede alterar o modificar estas entradas sin cumplir ciertas condiciones específicas. Parece extraño, ¿no? Pero esta es la definición exacta de criptomoneda.

Mira el dinero de tu banco también. ¿Qué es? Es sólo una cantidad mencionada en números, ¿no? Las entradas de su cuenta no se pueden modificar ni cambiar a menos que existan condiciones específicas a las que se adhiera. El dinero no es más que entradas verificadas en alguna base de datos de transacciones, saldos y cuentas.

Por lo tanto, en criptomoneda, cada par en la red P2P tiene una copia de todas las transacciones y el saldo de cada cuenta. Entonces, supongamos que Alice le paga 5 bitcoins a Peter. Utiliza su clave privada para cerrar la sesión de la transacción mediante criptografía de clave pública. Después de que se haya cerrado la transacción, Alice la transmite por toda la red. Esta es la tecnología P2P.

Mientras que la transacción es conocida por todos inmediatamente cuando se emite, se 'confirma' sólo después de un cierto período de tiempo. La confirmación de las transacciones es un aspecto crítico de la criptomoneda. Hasta que se confirme una transacción, está abierta a la falsificación. Después de que se confirme, es como lanzar la transacción en piedra.

Las transacciones confirmadas no se pueden falsificar, no se pueden modificar, no se pueden revertir y se convierte en un registro inmutable en la cadena de bloques. Las transacciones se almacenan en bloques y los bloques se conectan entre sí para formar la cadena de bloques. A medida que se confirman nuevos bloques, se agregan a la cadena de bloques original.

Minería de criptomonedas

Las confirmaciones de transacciones en la cadena de bloques criptomoneda son hechas por los mineros. ¿Qué hacen los mineros? Como principio, cualquiera puede ser un minero ya que los bitcoins no están controlados por una autoridad centralizada. Sin embargo, criptomoneda necesita un mecanismo de minería para que cualquier parte dominante no controle toda la cadena de bloques. Si alguien creara miles de pares y confirmara transacciones bitcoin fraudulentas, el sistema se derrumbaría, ¿verdad?

Entonces, ¿qué hizo Satoshi? Estableció una regla por la cual los mineros necesitan invertir en algún trabajo de computación para calificar como minero. Para poder extraer, los mineros tendrían que encontrar un hash (que se calcula como una función criptográfica) para que el nuevo bloque esté conectado al bloque anterior en la cadena de bloques. Esta computación del hash realizada por los mineros se llama Prueba de Trabajo. Bitcoin utiliza el algoritmo hash SHA-256.

No es necesario conocer la tecnología subyacente del algoritmo hash SHA-256. Es suficiente si usted sabe que los mineros utilizan este tipo de algoritmo para extraer bloques y transacciones. Al completar la prueba de trabajo, los mineros se pagan en bitcoins. La minería del rompecabezas criptográfico es la única manera de crear bitcoins. La dificultad de resolver este algoritmo sigue aumentando mejorando así el requisito de la potencia informática del minero. Por lo tanto, sólo un número específico de bitcoins se puede extraer en un período de tiempo dado asegurando que ningún par (o minero) puede controlar toda la cadena de bloques.

Cómo funcionan las criptomonedas impulsadas por Blockchain (Bitcoins)

Por lo tanto, aquí hay un pequeño resumen de cryptocurrencies. Las criptomonedas como bitcoins son medios de intercambio que se crean y almacenan en una cadena de bloques en forma electrónica. Las técnicas de cifrado se utilizan para la creación, el almacenamiento y las transacciones de las unidades monetarias. Bitcoins son la primera y la criptomoneda más famosa hoy en día. Aquí hay una simple (la tecnología subyacente es mucho más compleja que esta) matriz de pasos que se siguen para completar una transacción criptomoneda:

- Alguien hace una solicitud para una transacción
- La transacción solicitada se transmite a todos los nodos (o ordenadores) de la red P2P
- La red informática valida esta transacción junto con la validez del solicitante utilizando algoritmos conocidos y bien establecidos
- Mientras que este libro habla sólo sobre blockchains criptomoneda, la transacción solicitada podría ser

cualquier cosa, incluyendo contratos, detalles de registros, o cualquier otro dato.

- Una vez verificada la transacción, se combina con otras transacciones para formar un bloque de datos.
- Este bloque de datos se conecta (o se agrega) a la cadena de bloques existente de forma inmutable y permanente
- La transacción ya está completa

Características de Bitcoins

Hay propiedades revolucionarias de bitcoins que tienen el poder de cambiar la forma en que manejamos nuestro dinero en el futuro. Las siguientes propiedades son poderosos atributos de bitcoins y otras criptomonedas:

Las Transacciones Confirmadas son Irreversibles: una vez que se confirma una transacción, nadie puede revertirla nunca, incluido usted. Una vez que haya realizado la transacción, no podrá volver a llamarla. La otra cara es que si has enviado bitcoins injustamente a alguien, no puedes hacer nada al respecto y nadie puede venir en tu ayuda.

Seudónimo – Bitcoins no están conectados a ninguna de sus identidades del mundo real. Usted realiza transacciones (recepción y pago) bitcoins a través de direcciones que son cadenas aleatorias de 30 caracteres. Es posible que pueda analizar el flujo de transacciones, pero es muy, muy difícil conectar esa "dirección" a las identidades del mundo real.

Transacciones rápidas y globales: todas las transacciones se transmiten casi de inmediato a la red y la confirmación (a través del proceso de minería) también se lleva a cabo rápidamente. Cuando las transacciones a través del sistema bancario tradicional pueden tomar días, semanas, o a veces, incluso meses, la velocidad de las confirmaciones de transacciones bitcoin no cruza un par de horas como máximo.

Además, a medida que todo el ecosistema de criptomonedas está sucediendo a través de una red de computadoras, la ubicación física es irrelevante. Ya sea que elija pagar bitcoins a su vecino de al lado o alguien ubicado a miles de millas de distancia de usted, los tiempos de transacción y los procesos siguen siendo los mismos. Es un sistema verdaderamente global.

Altos niveles de seguridad – La tecnología criptográfica utilizada en las criptomonedas ofrece altos niveles de seguridad. Las unidades monetarias criptomoneda están bloqueadas en una función de clave pública y sólo el propietario de esta clave pública puede acceder a estas unidades utilizando su propia clave privada. Criptografía poderosa combinada con el poder de grandes números y alfabetos hacen que sea casi imposible (o tecnológicamente inviable) hackear estas claves.

Sin permiso – Cualquiera puede descargar la aplicación bitcoin de forma gratuita y empezar a utilizar el software. No hay necesidad de obtener permiso de ningún organismo legal o regulador para enviar y recibir bitcoins. No hay guardianes como las instituciones financieras que existen en el sistema bancario tradicional.

Aunque las invenciones anteriores de sistemas de efectivo digitales similares no velaban la luz del día, la creación y desarrollo de bitcoins por parte de Satoshi Nakamoto ha infundido entusiasmo y fascinación entre todos los usuarios, tanto los geeks técnicos como los no técnicos. Sería ingenuo no entrar en este mercado emergente y altamente potencial para tratar de mejorar su riqueza.

Chapter Two: Ethereum and Litecoin

Ahora que usted tiene una buena comprensión de cómo la criptomoneda bitcoin vino a este mundo, tiene sentido obtener una comprensión introductoria de dos más populares, incluyendo Etereum y Litecoin antes de pasar al tema de cómo invertir en criptomonedas. Así que, aquí va.

Introducción a Ethereum

La creación y el desarrollo de la plataforma Ethereum se acreditan a Vitalik Buterin, un programador de 19 años de Toronto. A partir de 2011, estaba fascinado con el estudio del bitcoin, la única criptomoneda disponible en ese momento. Escribió un libro blanco en 2013 describiendo una plataforma alternativa que fue diseñada para crear, validar y almacenar datos de una manera descentralizada.

Ethereum, al igual que los bitcoins, también utiliza ideas de blockchain y criptomonedas. Entonces, ¿qué es Ethereum? No es más que una pequeña aplicación de software informático que se ejecuta en una red informática. Ethereum garantiza que todos los datos y los contratos inteligentes se procesen y repliquen en todos los nodos de la red informática. Una vez más, al igual que los bitcoins, no hay un servidor centralizado que controle y regule las transacciones. Cada nodo de la red informática realiza el trabajo de actualizar su propia copia.

Al igual que los bitcoins, ethereum es responsable de validar, almacenar y replicar información transaccional en todos los ordenadores de la red. Es decir, ethereum mantiene el libro mayor distribuido como la tecnología bitcoin. Sin embargo, ethereum va un paso más allá y también ejecuta códigos simultáneamente en todos los nodos de la red informática.

Por lo tanto, mientras que la tecnología Bitcoin almacena y valida los datos de las transacciones, Ethereum almacena y valida los datos de las transacciones y también ejecuta códigos informáticos. Los programas informáticos que ejecuta ethereum se denominan contratos inteligentes. Estos contratos o programas son ejecutados por participantes en la red informática con la ayuda de algo que se puede comparar con un sistema operativo. Este 'sistema operativo' se conoce como 'Ethereum Virtual Machine.'

Entonces, ¿cómo se ejecuta Ethereum? Es muy simple. Simplemente tiene que descargar el código de software llamado cliente Ethereum. Las personas que pueden escribir códigos escriben este código ellos mismos. Este cliente Ethereum como cliente bitcoin está facultado para conectarse con todos los ordenadores que ejecutan un código similar. Se descargará el blockchain Etereum y también se asegurará de que cada bloque en la cadena de bloques se ajusta al consenso de Ethereum.

Comparación de Bitcoin y Ethereum

Ethereum tiene una cadena de bloques al igual que Bitcoin. Los bloques de Ethereum contienen datos de transacciones y contratos inteligentes. Los bloques son creados y extraídos por los nodos de la red informática Ethereum. Cada bloque forma una función hash que se basa en su contenido, los detalles de la transacción, incluidas las claves públicas y privadas de los usuarios, y los detalles del hash anterior.

Ethereum, al igual que Bitcoin, es sin permiso y público. Cualquier persona puede descargar el software y realizar transacciones en Ethereum. No se necesitan otros intermediarios como instituciones financieras o bancos para trabajar con ethereum.

Ethereum, al igual que Bitcoin, requiere prueba de trabajo para la validación y confirmación de transacciones y contratos. Mientras que Bitcoin utiliza el algoritmo hash SHA-256 para resolver el rompecabezas matemático, el desafío matemático Ethash de Ethereum funciona de manera ligeramente diferente. La minería de transacciones Ethereum se puede hacer sin el poder informático excesivo necesario para extraer Bitcoins.

Etereum tiene una criptomoneda integrada en su programa y se llama éter y está representado por el símbolo ETH. Esto se puede negociar e intercambiar con otras monedas, incluyendo otras criptomonedas y monedas fideias, así. La propiedad del éter también se crea, valida y realiza un seguimiento a través de la cadena de bloques Ethereum. A un nivel técnico profundo, los sistemas de seguimiento entre Ethereum y Bitcoins son diferentes. Como inversor, esta información altamente técnica realmente no es necesaria.

Litecoin

Litecoin es otra criptomoneda popular y está representado por el símbolo LTC. La similitud entre Litecoin y bitcoin es tanto que Litecoin se conoce comúnmente como la 'plata' de oro BTC. Litecoin fue creado en 2011 y esto también es una red P2P descentralizada que utiliza la tecnología blockchain para crear, validar y almacenar datos sin la necesidad de una autoridad centralizada o base de datos. Al igual que bitcoin, Litecoin es aceptado en todas partes, aunque hay algunas diferencias claramente discernibles entre los dos.

Litecoin fue creado por Charlie Lee, impulsado principalmente por la frustración que surge debido a los largos períodos de espera para la confirmación de las transacciones bitcoin. Era un ingeniero de software empleado en Google en ese momento. Más tarde dejó

Google y se unió al equipo de desarrollo de Coinbase, una de las plataformas de comercio de criptomonedas más grandes de los Estados Unidos.

Comparación de Litecoin y Bitcoin

Litecoin fue creado utilizando el código abierto y el software libre de bitcoin. Charlie Lee modificó este código para tapar lagunas que creía que estaban ralentizando o creando problemas innecesarios en bitcoins. Los aspectos más importantes en los que trabajó Charlie Lee fueron:

- Velocidad de las confirmaciones
- El proceso minero
- El número total de monedas
- Gastos de transacción

El número máximo de litecoins que se crearán es de 84 millones frente a 21 millones de bitcoins. Los mineros de Bitcoin utilizan el algoritmo SHA-256 para el proceso de minería, mientras que los mineros litecoin utilizan Scrypt. El proceso de minería ASIC de bitcoins creó una especie de guerra entre los mineros, ya que el hardware y la potencia informática necesaria para esto eran enormes y sólo los grandes mineros podían extraer bitcoins.

Charlie Lee quería abordar este problema en la plataforma Litecoin. Por lo tanto, eligió Script que incluso los mineros de pequeño tamaño pueden hacer reduciendo así el tiempo de minería y confirmación. Una máquina de procesamiento de GPU es suficiente para extraer litecoins. Los tiempos de confirmación más rápidos y la disponibilidad de más mineros que en la plataforma bitcoin redujeron los costos para los usuarios de Litecoin. Litecoin es mucho más económico para el comercio e invertir en que bitcoin debido a su menor precio.

La mayoría de los intercambios populares del mundo permiten el comercio en litecoins, así como bitcoins y éter. Por lo tanto, muchos ven Litecoin tiene un formato más rápido, más fácil y más barato de criptomoneda que bitcoin. Los expertos sienten que Litecoin y Ether están infravalorados y tienen el potencial de crecer exponencialmente. Como inversor, por lo tanto, tiene sentido tener cierta cantidad de estas dos criptomonedas junto con bitcoins en su cartera.

Chapter Three: Expert Secrets about Wallets and Exchanges

Antes de comenzar a invertir en criptomoneda, tendrá que tener una idea de los procesos involucrados y cuáles son los elementos básicos necesarios. Por lo tanto, este capítulo es para decirle lo que necesita hacer antes de comprar, vender o operar en criptomonedas como Bitcoins, Litecoins, y Ethereum. Necesitará los dos elementos siguientes:

- Una billetera criptomoneda
- Un intercambio de criptomonedas

Echemos un vistazo a cada uno de ellos con un poco de detalle.

#1 secreto experto - Monedero criptomoneda

Una billetera criptomoneda es una billetera digital que almacena, recibe y envía criptomonedas a y desde otros titulares de criptomonedas a través de estas carteras. Es digital y altamente seguro. Su billetera en realidad no debe ser comparada con un 'bolso' que tiene dinero. En su lugar, es una clave privada que almacena los detalles de la clave pública.

La clave privada es conocida sólo por usted y para su cartera, mientras que la clave pública es un código que está conectado al número de criptomonedas que posee. Puede descargar la cartera desde el sitio web oficial de las criptomonedas o utilizar un intercambio de renombre y bien establecido.

Más consejos sobre monederos criptodivisas

Experto secreto #2

Es importante tener en cuenta el hecho de que hay algunas carteras que son simplemente malware para atacar su ordenador. Es absolutamente imperativo que no descargues nada que no confíes o sepas. Es sensato comenzar con los más conocidos y cuando se han acumulado habilidades y conocimientos sobre el tema, se puede pasar a los menos conocidos, pero, tal vez, más ventajosos.

Experto secreto #3

Mientras que esto puede no ser un gran problema y todo el mundo sabe que mantener su contraseña y ID de cartera segura, es un consejo tan importante que requiere mencionar al principio de la lección en sí. Sería ingenuo introducir su ID de monedero y/ o detalles de contraseña en cualquier otro lugar, excepto al acceder a su billetera. Nunca compartas tu clave privada con nadie. Sólo tiene que dar su clave pública para recibir y enviar criptomonedas.

#4 secreto experto

Mientras que las carteras criptomoneda están diseñadas para altos niveles de seguridad, el valor de la seguridad es bastante relativo. Sería prudente mejorar la seguridad mediante el uso de las siguientes prácticas recomendadas:

- No guarde más moneda de la que necesita en su billetera. Usted podría utilizar una 'cartera fría' (como una cartera de hardware conectable y extraíble para almacenar monedas que no va a utilizar) y una "cartera caliente" basada en Internet para almacenar monedas que está planeando utilizar pronto.

- Utilice métodos de firma múltiple para autorizar inicios de sesión y transacciones. Por ejemplo, además del uso de una clave privada, puede solicitar que cada transacción y/o inicio de sesión se autorice con un correo de aprobación a su ID de correo o a las preguntas secundarias de nivel secundario de autenticación para las que tiene respuestas predefinidas.

- Sería un buen movimiento para respaldar su billetera y cifrar sus contraseñas y otros detalles. La copia de seguridad es esencial porque si pierde su ID de billetera y / o contraseña, no hay manera de que pueda acceder a las criptomonedas que se conservan en él

Experto secreto #5

Podría tener sentido utilizar un navegador diferente para acceder y realizar transacciones a través de su cartera que el que utiliza de forma regular para su navegación rutinaria por Internet. Esto ayuda a reducir las posibilidades de ataques de malware de extensión del navegador.

#6 secreto experto – Cartera fría Vs cartera caliente

El soporte frío y caliente para si la cartera está conectada a Internet o no. Las carteras calientes están conectadas a Internet y, por lo tanto, no son tan seguras como las carteras frías que no están conectadas a Internet. Las carteras frías se utilizan generalmente para mantener sus criptomonedas en almacenamiento en frío cuando no las está utilizando. Estas carteras frías se almacenan sin conexión y por lo tanto son más seguras que las carteras calientes que podrían ser propensas a los hacks en línea. Idealmente, una cartera caliente se utiliza para las transacciones de rutina con suficientes bitcoins necesarios y el resto de las criptomonedas se mantienen en la cartera fría.

#7 Secreto Experto – Claves Privadas y Públicas

La clave pública de su billetera criptomoneda representa su billetera en la cadena de bloques. La clave privada que es conocida sólo por usted y puede ser reconocida sólo por su billetera es necesaria para acceder y realizar transacciones desde y hacia su billetera. Si su clave privada se pierde, todas sus criptomonedas se pierden y no se puede hacer nada para recuperarlas. Ahora que sabe la importancia de la clave privada, también entiende la necesidad absoluta de mantenerla en un lugar seguro.

Por lo tanto, lo que se corta no son las criptomonedas, sino las claves privadas. Por lo tanto, dónde y cómo desea almacenar y administrar su clave privada depende de usted. Cuando usted elige su tipo de billetera, el almacenamiento de la clave privada también se cuida porque la clave privada se almacena en la cartera.

#8 Secreto Experto – Carteras Multi-Firma

Este tipo de billetera necesita múltiples firmas de diferentes fuentes para acceder. Esto es ideal para mantener criptomonedas de toda una familia. Este tipo de carteras también pueden ser utilizados por las empresas. Ayudan a tener control distribuido sobre criptomonedas para evitar el tipo de control autoritario de una sola persona.

#9 secreto experto – *Carteras multidivisa*

Mientras que algunas carteras le permiten mantener sólo un tipo de criptomoneda (tal vez, sólo bitcoin) hay otros tipos que le permiten mantener más de un tipo de criptomonedas. Estos se conocen como monederos multidivisa. Con este tipo de carteras, puede almacenar BTC, ETH y LTC en la misma cartera.

Además, algunas de estas carteras multidivisa permiten a los usuarios convertir de una criptomoneda a otra. Por lo tanto, si por ejemplo, desea convertir algunos de sus BTC en ETH y su billetera le da esta característica, entonces simplemente puede hacer la solicitud para la conversión y se hará dentro de la cartera en sí. Si su billetera no permite esta característica, tendrá que ir a su corredor o el intercambio con el que está registrado para realizar las conversiones.

Dependiendo de la profundidad de su inversión en criptomoneda, puede elegir tener una cartera adecuada para satisfacer sus necesidades.

#10 secreto experto : *tipos de carteras de criptomonedas*

Además de lo anterior, hay otras formas en que las carteras se clasifican e incluyen:

- Monedero web o monedero en línea

- Monedero móvil
- Cartera de escritorio
- Cartera de hardware
- Monedero de papel

Vamos a ver cada uno con un poco de detalle junto con ventajas y desventajas para que pueda elegir lo que mejor se adapte a sus necesidades.

Monedero web o monedero en línea

Las carteras web o carteras en línea son aquellas a las que puede acceder a través de su navegador. A veces, las carteras calientes también se conocen como carteras en línea porque están conectadas a Internet. Es mejor separar las carteras web de las de escritorio y móviles para que no haya confusión. Por lo tanto, para una mayor claridad, llamaremos a la cartera web como la que se puede acceder a través de un navegador web.

Ventajas de Web Wallets

- Es la forma más rápida de acceder a sus carteras, ya que no hay absolutamente ningún retraso entre la ubicación del servidor y la aplicación
- Es perfecto para mantener pequeñas cantidades de criptomonedas para su uso diario
- Muchas de estas carteras web son multimoneda sin permitir conversiones de una criptomoneda a otra

dentro de la propia cartera. Estas carteras se pueden integrar directamente en el intercambio.

Desventajas de Web Wallets

- Estas carteras son susceptibles a hacks y estafas y ataques de phishing. Podrían ser atacados por malware y muchos de ellos podrían estar utilizando medidas de seguridad obsoletas y esto no es una buena señal en absoluto.
- La cartera web no está realmente en 'sus manos' ya que se lleva a cabo con un tercero como el intercambio o el corredor.
- Como usted va a acceder a la cartera a través del navegador web, el navegador en sí podría ser susceptible a ataques de malware

Carteras móviles

Estas carteras le permiten acceder a criptomonedas desde dispositivos móviles como teléfonos inteligentes y / o tabletas. La comodidad es excelente, pero hay riesgos adicionales. Por lo tanto, aquí hay algunas ventajas y desventajas de las carteras móviles.

Ventajas de las carteras móviles

- Las carteras móviles son extremadamente prácticas y muy convenientes, ya que tieneacceso a ellas mientras está en movimiento. Usted puede convenientemente enviar y recibir cryptocurrencies mientras está en movimiento.

- Muchas carteras móviles permiten funciones de seguridad adicionales, como el escaneo de códigos QR

Desventajas de las carteras móviles

- Los dispositivos móviles, como teléfonos inteligentes y tabletas, son dispositivos intrínsecamente inseguros. Y si su teléfono es hackeado, perdido, o algo más sucede, nada puede salvar su billetera móvil y su contenido.
- Los móviles también son muy propensos a virus, malware y keyloggers

Carteras de escritorio

Las carteras de escritorio son definitivamente más seguras en comparación con las carteras móviles y en línea. De hecho, un viejo portátil (sin conexión a Internet en absoluto) que utiliza una instalación limpia del sistema operativo es tan bueno como una cartera fría. En realidad, puede utilizar un viejo portátil no utilizado que se encuentra alrededor de su casa sólo con el propósito de almacenar y asegurar su cartera de escritorio.

Ventajas de las carteras de escritorio

- Las carteras de escritorio son muy fáciles de descargar y usar
- Si su computadora portátil nunca ha visto una conexión a Internet, esto es tan bueno como una cartera de almacenamiento en frío
- Las claves privadas se almacenan exactamente bajo su control y no bajo el control de ningún servidor de terceros

Desventajas de las carteras de escritorio

- Si utiliza un portátil que está conectado a Internet, entonces es tan seguro (o inseguro) como una billetera en línea
- Los ingenieros de servicio de portátiles (durante los tiempos de servicio) tienen el poder de eliminar sus criptomonedas
- Si su computadora portátil se bloquea y no ha hecho una copia de seguridad de su billetera, entonces todo se pierde

Carteras de hardware

Las carteras de hardware pueden no ser tan fáciles de usar como las carteras móviles, en línea y de escritorio. Pero una vez que domines sus operaciones, puede ofrecer mucha más seguridad que cualquiera de las carteras antes mencionadas. Las carteras de hardware son exactamente lo que dicen; vienen en forma de hardware (algo así como su USB).

Algunas de estas carteras pueden necesitar baterías para funcionar, mientras que otras están disponibles que no necesitan cargadores. Algunas de estas carteras de hardware tienen pantallas para que ni siquiera necesite hacer una copia de seguridad de la clave privada en un equipo inseguro. La mayoría de estos generalmente no están fácilmente disponibles. Así que tiene sentido comprar uno cuando está disponible incluso si usted no tiene una gran cartera actualmente. Lo necesitará cuando la cartera crezca.

Carteras de hardware son mejores para ahorrar grandes cantidades de cryptocurrencies que no va a moverse muy a menudo.

Ventajas de las carteras de hardware

- Una cartera de hardware basada en pantalla es la forma más segura para almacenar criptomonedas, especialmente a largo plazo
- Ofrece una seguridad increíble en comparación con todos los otros tipos de carteras

Desventajas de las carteras de hardware

- Puede ser difícil para los recién llegados y principiantes en el reino de criptomoneda para aprender y utilizarlo. Pero es absolutamente esencial para los grandes titulares.

- La mayoría de las veces las carteras de hardware están agotada. Usted debe tener cuidado con su disponibilidad y recoger uno inmediatamente cuando esté disponible

Carteras de papel

Estos se conocen como el prototipo de carteras antes de que las carteras de hardware entraron en existencia. Eran el estándar predeterminado para almacenar grandes criptomonedas. En realidad hay carteras de papel y extremadamente seguro.

Ventajas de las carteras de papel

- Es la opción más a prueba de hackers de carteras criptomoneda
- No se almacena en ningún ordenador o dispositivo electrónico
- Las claves privadas están bajo su control por completo y ningún tercero lo almacena para usted

Desventajas de las carteras de papel

- Tiene una barrera técnica bastante grande que superar en términos de aprender a usarlo.

- Es bastante engorroso mover las criptomonedas almacenadas

Sería prudente prestar mucha atención a los diversos tipos de carteras disponibles y luego elegir las que son adecuadas para sus necesidades. Una combinación de carteras en línea / escritorio y hardware debe ser una gran idea para que pueda tener la opción de almacenar las necesidades diarias en el en línea y mantener el resto de las criptomonedas en almacenamiento en frío.

#11 de expertos secretos - Intercambio de criptomonedas

Un intercambio de criptomonedas es una plataforma en línea donde las criptomonedas se intercambian y negocian. Usted puede intercambiar una criptomoneda con otra o con monedas fideias, así. Por lo tanto, las bolsas de criptomonedas funcionan como una bolsa de valores o como una ventana de cambio de divisas. Hay básicamente cuatro tipos diferentes de intercambios:

Intercambios de criptomonedas convencionales – Estos funcionan como las bolsas de valores tradicionales y son plataformas donde los vendedores y compradores interactúan y comercian en criptomonedas. El intercambio desempeña el papel de "hombremedio"ofreciendo una plataforma común para que todas las partes interesadas se reúnan y comercien. Muchos de estos intercambios de criptomonedas permiten conversiones de criptomonedas desde y hacia monedas fideias también. Ejemplos de tales intercambios incluyen GDAX, Shapeshift, y Kraken.

Intercambios de Comercio Directo – Estas plataformas permiten a los compradores y vendedores interactuar y comerciar entre sí directamente. Estos no siguen los precios del mercado. Los vendedores suelen fijar sus tarifas.

Brokers de criptomonedas – Estas son plataformas que funcionan como los intercambiadores en un aeropuerto. Permiten a las personas comprar y vender en sus plataformas y por lo general incluyen una prima como una forma de beneficio para sí mismos.

Fondos de criptomonedas – En este formato, los fondos se agrupan y los activos de criptomonedas son administrados por profesionales. Estos fondos funcionan de manera similar a los fondos mutuos.

Secretos expertos sobre los intercambios de criptomonedas

Experto secreto #12

Elija un intercambio de criptomonedas bien reputado y establecido. Una buena manera de encontrar acerca de la reputación de un intercambio es leer comentarios de expertos conocidos y otros usuarios individuales, así. Puede interactuar con personas en varios foros en línea para saber más sobre un intercambio en particular.

#13 Secreto experto

Todo tipo de cargos y cargos cobrados por el intercambio se pondrán en el sitio web del intercambio. Es imperativo que lea y comprenda los diversos tipos de tarifas cobradas en sus transacciones antes de elegir un intercambio. Estos cargos pueden variar sustancialmente entre los intercambios y usted podría ahorrar mucho dinero si usted hace su tarea correctamente antes de comenzar a invertir.

Experto secreto #14

Por favor, compruebe con el cambio qué opciones de pago están disponibles para usted. Cuantas más opciones tengas, mejor será para ti. Si el intercambio ofrece pocos o métodos de pago restringidos, es probable que usted no será capaz de hacer compras a su conveniencia.

Además, las opciones de pago con tarjeta de crédito son más caras desde el punto de vista de las transacciones y otras tarifas y también son más propensas a fraudes que otros tipos de pagos. También debe recordar que los pagos a través de transferencias bancarias tardan mucho más tiempo y es probable que obtendrá la tarifa que se cotiza el día en que se recibe el pago en lugar de cuando dio la orden de compra.

Experto secreto #15

Casi todos los intercambios bien establecidos necesitan algún tipo de verificación de ID hecho antes de que se le permita operar en criptomonedas. Esto significa que el aspecto seudónimo de la criptomoneda se pierde realmente mientras se involucra en el comercio. Sin embargo, es importante recordar que la pérdida de anonimato (junto con un poco de comodidad, ya que el proceso de verificación toma tiempo y esfuerzo) es más que compensar por un riesgo mucho menor para fraudes y estafas.

Experto secreto #16

Otra cosa importante a saber es que algunos intercambios han restringido las licencias para hacer el comercio criptomoneda sólo en ciertos países. Por lo tanto, asegúrese de que el intercambio que elija permite el acceso completo al trading en su país.

#17 secreto experto

Usted se sorprenderá de las enormes diferencias en las tasas de negociación que existen entre los diferentes intercambios. Estas diferencias pueden variar hasta un 10%. Por lo tanto, tiene mucho sentido ir de compras y asegurarse de obtener el tipo de cambio que es óptimamente beneficioso para usted.

Elegir la cartera correcta y el intercambio adecuado no sólo puede ahorrarle una buena cantidad de dinero, también puede garantizar que sus transacciones estén potencialmente a salvo de fraudes y estafas que le permiten la libertad de centrarse en maximizar sus ganancias de invertir en criptomonedas.

Chapter Four: Expert Secrets #18-37

Por lo tanto, los próximos tres capítulos están dedicados a darle algunos secretos más expertos mientras invierte en criptomonedas. Así que, aquí va.

#18 SecretoExperto – Tener una Estrategia

Siempre tenga en cuenta un plan cuando esté invirtiendo en cualquier cosa, incluidas las criptomonedas. Pregúntese cuál es el objetivo final de su inversión. ¿Es para pagar un préstamo estudiantil? ¿Es para la jubilación? ¿Es para un crucero mundial planeado después de cinco años? Basándose en su estrategia, puede tomar fácilmente decisiones objetivas y sensatas que reflejen eficazmente el equilibrio riesgo-recompensa necesario para cada estrategia.

Por ejemplo, un estudiante de primer año podría buscar invertir $100 en criptomonedas para pagar potencialmente un préstamo estudiantil después de su curso de pregrado de 4 años. Un joven profesional que acaba de empezar a ganar podría buscar invertir $10,000 o más hacia una cartera de jubilación potencialmente rica.

Por lo tanto, echemos un vistazo a los dos escenarios cuando la inversión bitcoin ha alcanzado la marca de $100,000. Lo ideal es que el estudiante retire el dinero para que pueda cancelar el préstamo estudiantil para el que se realizó esta inversión. Sin embargo, si el joven profesional retiró esta cantidad de $100,000, no sería suficiente para la jubilación que él o ella había estratega.

Por lo tanto, con un marco claro en su lugar, realmente no tiene que preocuparse por cuándo retirarse. Este es un problema común que la mayoría de los inversores novatos hacen; es decir, invertir con una estrategia adecuada dejándose abierto a preocupaciones persistentes en forma de preguntas como: "¿Es el momento adecuado para desinvertir?" o "¿Debería salir de la inversión ahora?"

#19 secreto experto : espera que los precios de las criptomonedas bajen

El mercado de criptomonedas es altamente especulativo y los precios de las criptomonedas están obligados a subir y bajar. Si bien es normal que la mayoría de los inversores novatos sean felices cuando los precios suben después de su compra, se preocupan cuando los precios bajan. Es importante que usted espere estas caídas y subidas como cualquier mercado especulativo se rige por la volatilidad. Recuerde no entrar en pánico y simplemente aferrarse a sus inversiones y centrarse en su estrategia.

#20 secreto sexperto: diversifique con sensato y eficacia

Si bien es un consejo de inversión normal para diversificar cualquier tipo de cartera, ya que es imprudente poner todos sus huevos en una cesta, cuando se trata de criptomoneda, es importante no darse el gusto en la diversificación simplemente por el bien de ella. La razón de esto es que las criptomonedas son relativamente nuevas materias primas y la tecnología de las criptomonedas nuevas y próximas son todos trabajo en curso.

Por lo tanto, es mejor invertir su dinero en criptomonedas establecidas cuyas tecnologías son probadas y han sido capaces de mantener los ataques de hacking a raya. Además, tiene sentido incluir su criptomoneda en su cartera habitual y diversificarse como parte de toda su inversión.

Usted podría mirar a tomar algo de dinero, tal vez, de una acción altamente riesgosa pero potencial de crecimiento e invertir eso en criptomonedas. Usted de todos modos está corriendo un gran riesgo con ese stock en particular. Ahora, simplemente está moviendo el riesgo lateralmente y mejorando la eficacia del proceso de diversificación de carteras.

#21 secretos expertos: evite canjear beneficios a menos que haya una necesidad o algo haya cambiado

Sería ingenuo eliminar los beneficios para que pueda lograr la tranquilidad. Es prudente atenerse a sus estrategias y asegurarse de canjear sólo cuando se necesita el dinero. Al eliminar los beneficios antes de lograr su estrategia, en efecto está perdiendo en futuras oportunidades que resultarían en el proverbial corte de la nariz para reprender su cara (en este caso, para lograr una sensación sin propósito de la llamada tranquilidad).

Las únicas veces que debe buscar en la redimir sus inversiones en criptomonedas son:

- Cuando su estrategia ha sido satisfecha y ahora desea pagar el préstamo estudiantil para el que había invertido.
- Hay un cambio en su cartera debido a las ganancias. Por ejemplo, si su cartera BTC ha subido tanto que es más que su estrategia de mantener sólo el 20% de sus inversiones en criptomoneda, entonces, tal vez, usted necesita desinvertir para que el 20% se mantenga constante.

Tiene sentido mantener sus inversiones incluso cuando usted ve ganancias a menos que uno u otro de los dos incidentes anteriores han tenido lugar.

#22 secreto experto: concéntrese en hacer dinero que no lo haga bien

Veamos dos escenarios. Escenario #1: Estoy en el 80% del tiempo con mis opciones, pero mis rendimientos son solo 2X. Escenario #2: Sólo tengo el 20% del tiempo correcto, pero cuando golpeo, mis rendimientos son 100x. En qué escenario te gustaría estar; el segundo, ¿verdad?

Bueno, el objetivo de invertir en criptomonedas es ganar dinero y no hacerlo bien la mayor parte del tiempo. Por lo tanto, no se preocupe si usted ha tomado algunas decisiones equivocadas porque aunque tomar decisiones correctas es una sensación reconfortante, conseguir pagos desproporcionados más que compensar la incomodidad de estar equivocado más a menudo que no.

#23 secreto de expertos – Mida el valor de las criptomonedas contra el USD y BTC

Una vez más, usaré un ejemplo para ilustrar este secreto experto. Supongamos que el valor actual de 1 ETH y 1 BTC es US$350 y US$7,000 respectivamente. ¿Qué significa esto? Significa que el valor de BTC es 20 veces más que el de ETH. Ahora, supongamos que el precio de BTC ha subido a $7,350 y el de ETH se ha mantenido en $350. Aquí, aunque el valor de su tenencia de dólar no ha cambiado mucho, a largo plazo, es importante comparar los precios de cualquier criptomoneda con el de BTC.

Será bueno para usted para aumentar su valor criptomoneda de tal manera que su valor BTC aumenta. Sin embargo, también es importante diversificar un poco e invertir en otras criptomonedas potenciales de crecimiento también. Pero, si la tenencia de US$ está aumentando con un valor estancado de la comparación BTC, entonces es mejor para usted invertir en BTC solamente.

Experto secreto #24 – Comprar a precios bajos y vender a precios altos

Todos lo sabemos, ¿no? El consejo aquí es tener en cuenta que la identificación de los altibajos de las criptomonedas son mucho, mucho más difíciles de hacer que en los mercados de valores. Teniendo en cuenta el alto valor especulativo de estos productos básicos, es casi imposible conseguir su momento correcto de una manera sensata y objetiva.

Una forma de hacerlo es estar en el mercado en todo momento, especialmente si ha entrado durante un tiempo particularmente volátil. Incluso cuando usted hace microadministrar sus inversiones criptomoneda, usted no será capaz de lograr mucho control en su tiempo. En su lugar, es mejor seguir el siguiente secreto diligentemente.

#25 secreto experto: haga su compra ahora

Temporización del mercado no sólo es difícil, pero casi imposible, especialmente los mercados de criptomonedas. En su lugar, sería prudente comprar ahora cuando usted tiene el dinero. Además, combina este secreto con el secreto anterior de tener una estrategia robusta en su lugar y tus posibilidades de perder son bastante bajas.

Temporar los bajos y altos es increíblemente difícil. Sería como buscar la aguja proverbial en el pajar y mientras la estás buscando, hay otras oportunidades que te han pasado. Por lo tanto, invierta cuando tenga el dinero y también invierta cualquier cantidad que tenga un riesgo-apetito para. Los expertos también probablemente aconsejan que la única razón para esperar en lugar de invertir es si usted piensa que es probable que haya una caída a corto plazo. Sí, los instintos intestinales son útiles. Pero tienen que ser construidos y desarrollados lentamente y con el tiempo.

#26 secreto experto: si no está seguro, no comercie

Si usted no está seguro, entonces es más sabio no comerciar que el comercio. Siempre es más fácil gestionar la pérdida de una ganancia potencial en lugar de una pérdida real. Si tu instinto dice que no y pareces creer en tus instintos, es cuando las dudas suelen surgir. Cuando en tal situación, es mejor no invertir. Si algo fuera a salir mal, te resultaría muy difícil superar el desafío de haber dudado de tu instinto.

Ahora, veamos una ilustración de este elemento dudoso que va mal en la dirección opuesta; es decir, no comerciaste pero la criptomoneda que realmente te interesaba subió. Lo que está destinado a suceder en este caso es que usted podría terminar sintiéndose tan mal por haber escuchado su instinto cuando usted debe haber ido en contra de que la próxima vez usted estará muy tentado a hacer exactamente eso. Ahora, supongamos que esto también salió mal y perdiste dinero! ¿Qué pasaría?

Simplemente comenzarás a perder la fe en tus instintos y no tendrás nada que te dé apoyo. Por lo tanto, si no está seguro, no comercie y administre sus sentimientos asociados con la pérdida de ganancias potenciales objetivamente. Pero no pierdas de vista tus instintos. Cuando no esté seguro, no comercie.

#27 secreto experto: cree su propia cartera de criptomonedas perfecta

No hay portafolios perfectos que puedas copiar/pegar por ti mismo. Es mejor ir despacio, encontrar sus fortalezas y debilidades e invertir en los procesos de pensamiento y estrategia y crear una cartera que se adapte a su estilo de vida y necesidades financieras. La cartera depende de muchos factores, incluyendo pero no limitado a su presupuesto, su apetito de riesgo, su estrategia financiera, tiempo disponible y más.

Secreto experto #28 – Comercio de criptomonedas objetivamente

Operar en cualquier mercado con emociones es bastante temerario, más aún los mercados criptomoneda teniendo en cuenta su volatilidad y altos niveles de especulación. Debes evitar sentirte demasiado confiado después de una increíble carrera y/o sentirte deprimido y bajo después de un hechizo particularmente malo. Es importante entender que los altibajos son parte de todo el juego y simplemente se centran en la estrategia mientras se disciplina en su enfoque de inversión. No permita que sus emociones gobiernen su proceso de toma de decisiones.

Experto secreto #29 – El comercio de criptomonedas es similar al comercio en cualquier materia

Las monedas fideias convencionales no son realmente negociadas por los inversores 'retail', aunque algunos comerciantes individuales expertos hacen el comercio en ellos. Las monedas tradicionales están bajo el control de los gobiernos y por lo general se mueven junto con la inflación. Con las inversiones, la gente generalmente tiende a buscar rendimientos que vencen lo suficiente a la inflación. Sí, algunos fondos mutuos también podrían mantener su propia posición en monedas fidiferentes para cubrirse contra los riesgos de tipo de cambio.

Sin más que las criptomonedas no comercian como monedas fideias. En cambio, comercian como productos volátiles. Si bien la creación de nuevas monedas fideias está bajo el control de las autoridades reguladoras gubernamentales, el suministro de bitcoins es limitado y, finalmente, sólo 21 millones de bitcoins estarán en circulación.

Esto es lo que hace que las criptomonedas funcionen como materias primas; debido a su limitado suministro. La misma razón también está contribuyendo a la volatilidad en sus operaciones. Por supuesto, las cosas podrían cambiar si las instituciones financieras adoptan y aceptan bitcoins como un medio justo de intercambio de bienes. Otra razón para la volatilidad de las criptomonedas es el hecho de que el mercado sigue siendo muy pequeño y el número de inversores también es pequeño.

Secreto Experto 30 – Bitcoin tiene mucha competencia

Mientras que bitcoin es la primera criptomoneda exitosa jamás creada y el hecho de que las tecnologías subyacentes blockchain y criptografía se han hecho muy populares entre la gente común, usted debe saber que hay otras criptomonedas trabajando con diferentes tecnologías y algoritmos que también están ganando popularidad.

Una de las principales razones para el crecimiento de la historia bitcoin es que la gente cree en sus perspectivas de sostenibilidad y crecimiento a largo plazo. Sin embargo, usted debe saber que hay otras criptomonedas que se han creado y son bastante exitosos; Ethereum siendo uno de los más populares criptomoneda no bitcoin . Por lo tanto, diversificar sensatamente tiene sentido para que si por alguna razón, bitcoin falla, usted tiene otras criptomonedas para compensar la pérdida.

#31 secreto experto : Uso de un intercambio en lugar de un intermediario

Es mejor utilizar intercambios como GDAX para el comercio de criptomonedas en lugar de los corredores como los que operan Coinbase como los cargos y tarifas serán menores. Sin embargo, hay países en los que los intercambios de criptomonedas no pueden operar. Así que invariablemente tienen corredores establecidos allí y si usted vive en un país de este tipo, entonces usted no tiene otra opción que ir con los corredores para el comercio de criptomonedas.

#32 secreto experto: siga aprendiendo sobre la tecnología subyacente

Si bien los conceptos básicos son suficientes para comenzar en pequeñas inversiones, si desea aumentar su cartera en bitcoins, tiene sentido estudiar y entender un poco más que los conceptos básicos sobre la tecnología subyacente de cada una de las criptomonedas en las que planea invertir. Si ya eres un techie, entonces podría tomarte muy poco tiempo leer y entender el libro blanco original enviado por Satoshi Nakamoto. Del mismo modo, no se olvide de seguir actualizando sus conocimientos sobre Ethereum y Litecoins, así. El conocimiento es una de las cosas más poderosas para tener antes de elegir poner su dinero ganado duro en cualquier cosa.

#33 Secreto Experto – Siempre sea cauteloso

Planificar una inversión requiere un enfoque cauteloso y una nueva tecnología como la criptomoneda definitivamente requiere precaución. Cosas nuevas están sucediendo a un ritmo rápido. Además, las criptomonedas se encuentran en una etapa naciente y todavía se están desarrollando y su robustez con el desenterramiento de cada nuevo error siendo actual. Es una oportunidad de inversión de alto riesgo y tratarla con menos respeto sólo sería ingenuidad de su parte.

Sería prudente comenzar poco a poco, ver el progreso de su inversión, seguir aprendiendo sobre cosas nuevas en el nicho, y aumentar lentamente su participación dependiendo del resultado y su propio nivel de confianza. Actúe siempre del lado de la precaución. Después de todo, el dinero invertido no vino fácilmente a usted y tiene sentido protegerlo tanto como su riesgo-apetito lo permite.

#34 secreto experto: elija un punto de entrada y adquiera

Este es un secreto corolario para el momento del secreto del mercado. Una manera es simplemente hacer la entrada cuando usted tiene el dinero y usted está buscando en permanecer invertido en el largo plazo. Otra alternativa a esto sería elegir un punto de entrada (un precio con el que se sienta cómodo o cree que es razonable) y luego adherirse a él. Cada vez que la criptomoneda llega a este nivel, puede aumentar su inversión.

Elija un punto de entrada para cada una de las criptomonedas que le interesen. Realizar un seguimiento del mercado y realizar inversiones a medida que se incumpla este punto. Evite perseguir los precios de las criptomonedas. Cuando se trata de bitcoins, los resultados son más propensos a estar en el lado positivo. Lo único que podría funcionar a su desventaja es el momento. Así que no te preocupes por el momento. Sea paciente y permanezca investido. Usted está obligado a salir en el lado positivo de la inversión.

#35 secreto experto: evite almacenar criptomonedas en las bolsas

Utilice siempre una billetera para almacenar sus criptomonedas. No los guarde con el intercambio. La historia de las criptomonedas está plagada de historias de hacks de intercambio y la pérdida de enormes cantidades de bitcoins. De todos modos, las carteras son gratis y fáciles de mantener y mantener. Mantenga los datos de la cartera seguros e incluso si el intercambio es hackeado, sus criptomonedas estarán seguros en su cartera.

Secreto experto #36 – Prepárate para la volatilidad

No espere que los precios permanezcan estancados nunca en el mercado de criptomonedas, al menos no en un futuro casi previsible. Las razones de esta volatilidad ya han sido descritas en uno de los secretos de expertos anteriores. Por lo tanto, en lugar de quejarse de la volatilidad y preocuparse demasiado por ella, acepte lo inevitable y simplemente permanezca invertido hasta que se logre su estrategia criptomoneda. "Comprar y olvidar" es la mejor estrategia para planes de inversión a largo plazo. Sólo asegúrese de que sus criptomonedas son seguras mediante el check-in regularmente. De lo contrario, olvídate de la volatilidad y relájate.

Secreto Experto 37 – La capitalización de mercado es más importante que el precio de la criptomoneda

Es común que los inversores principiantes se centren sólo en el precio de una criptomoneda antes de elegir comprar. Sin embargo, usted debe mirar la capitalización de mercado de la criptomoneda, así porque este elemento le da alguna información adicional que le ayudará a decidir cuál es bueno para usted. Aquí hay algunos cálculos para ayudarle: Total de capitalización de mercado - Número de criptomonedas en circulación multiplicado por su precio de mercado.

Esta capitalización total del mercado es importante para usted como inversor. ¿Cómo es eso? Déjame explicarte. Todos estos son ejemplos ilustrativos solamente y no reflejan el verdadero estado del mercado. Supongamos que el precio actual de BTC es $1000 y hay 12 millones de monedas en circulación. Así que la capitalización de mercado de BTC será de 12 mil millones. Ahora supongamos, el precio de ETH es $400 y hay 40 millones de ETH en circulación. La capitalización total del mercado es de 16 mil millones, que es mucho más que la de BTC.

Por lo tanto, simplemente porque el precio de la criptomoneda es alto no significa que la capitalización de mercado es mayor. Elegir una criptomoneda con una capitalización de mercado más alta aumentará las posibilidades de mejores resultados en contra de invertir en una criptomoneda de alto precio pero de baja capitalización de mercado. Además, la capitalización de mercado también está vinculada al precio de la criptomoneda en relación con otras criptomonedas en el mercado. Desde una perspectiva de inversión a largo plazo, un buen precio con la mejor capitalización de mercado puede ser una gran opción de compra.

Chapter Five: Expert Secret #38-49

Experto secreto #38 – Elija una criptomoneda sostenible

En el mundo de las criptomonedas, las monedas van y vienen y muchas han muerto una muerte natural o han sido estranguladas por su propia tecnología débil. Muchas criptomonedas como bitcoins (por supuesto), Ethereum, Litecoin, etc. han resistido la prueba del tiempo y han logrado crecer de fuerza en fuerza impulsada en gran medida por una tecnología excelente y robusta.

Las tecnologías de estas criptomonedas son capaces de resolver la piratería y otros problemas técnicos que las hacen sostenibles a largo plazo. Por lo tanto, si usted está buscando en la inversión en el largo plazo, usted debe elegir necesariamente cryptocurrencies que tienen los poderes de sustento. Algunas de estas monedas principales incluyen bitcoins, litecoins,y ethereum.

#39 secreto experto: el potencial de crecimiento de las criptomonedas es alto

La capitalización de mercado general de las criptomonedas está creciendo día a día a medida que más y más personas están entrando en el mercado. La capitalización de mercado de todas las criptomonedas juntas es de aproximadamente US$60-61 mil millones.

Sólo para hacerle comprender esta perspectiva de capitalización de mercado, durante el mismo tiempo, la capitalización de mercado de Tesla fue de US$50 mil millones; Boeing Airlines fue de US$100 mil millones. Por lo tanto, usted ve el valor de la criptomoneda en el mundo real definitivamente está subiendo y por lo tanto, sería prudente subir la ola.

#40 secreto experto – La criptomoneda sigue siendo relativamente desconocida

A pesar de la creciente capitalización de mercado de las criptomonedas, la idea de invertir en este mercado todavía está en la etapa naciente y muchas personas aún no lo han descubierto. Incluso en los Estados Unidos, sólo tanto como 24% de los inversores saben acerca de la existencia de criptomoneda. Este es un momento emocionante para entrar en el mercado de criptomonedas como las estadísticas muestran que sólo alrededor del 2% se invierten actualmente en él y se espera que el futuro crezca al 25%! No te pierdas la oportunidad.

#41 secreto experto – Los expertos creen que el optimismo es el escenario del mercado de criptomonedas

En este momento, puede parecer que hay algún tipo de bombo que rodea la criptomoneda debido a que sale de una cáscara cerrada que estaba en hasta ahora. Sin embargo, los expertos que estudian e investigan los ciclos comerciales de todos los mercados creen que esta etapa no está ni cerca de la euforia. En su lugar, hay un optimismo positivo en el concepto de criptomoneda.

De hecho, es sólo ahora que todo el mundo se está despertando lentamente a este concepto. Hasta ahora, el concepto de criptomoneda se asociaba con geeks técnicos y personas no técnicas ni siquiera comprendía cómo las transacciones financieras pueden tener lugar sin bancos y otros intermediarios financieros. Una buena analogía podría, tal vez, ser el comienzo de la onda de Internet. Hoy en día, hay muy, muy pocos lugares en esta Tierra que no pueden acceder al poder de Internet, ¿verdad?

Del mismo modo, la idea de criptomoneda es lenta pero seguramente entrar en la psique del hombre común y algunos expertos opinan que este concepto podría comportarse de la misma manera fenomenal que Internet. Por lo tanto, entrar en la idea en esta etapa temprana sólo puede ser positivo para usted. Es importante tener en cuenta que necesita paciencia y esperar a que sucedan las cosas positivas. Es imperativo permanecer invertido y no preocuparse por altibajos temporales.

#42 secretos expertos: las criptomonedas son similares a las dotcoms

Recuerda el busto de puntocom de principios de la década de 2000. Bueno, una situación similar se puede esperar con cryptocurrencies también, opine expertos. Es muy posible que al igual que el 80% de las empresas de puntocom se rompió, el 80% de las criptomonedas también podrían ir a la quiebra. El bombo está destinado a tener lugar en todos los aspectos de la vida humana. Durante tales bombos, todas las compañías equivocadas reciben atención, mientras que las verdaderas buenas son las únicas supervivientes.

#43 Secretos Expertos – Revienta el bombo

Los bombos suelen tener este resultado porque durante el tiempo de los bombos, las partes interesadas, incluidos los inversores, los usuarios, los propietarios de empresas, etc. terminan centrándose sólo en las ganancias a corto plazo y terminan dejando ir los aspectos reales y de valor agregado del negocio que se está perfilando. Después de cierto tiempo, este bombo está destinado a caer y después de la caída, sólo aquellos que ofrecieron valor-adición a las partes interesadas permanecerán en pie.

Por lo tanto, como inversores, especialmente en el horizonte a largo plazo, es importante que usted mire las criptomonedas desde la perspectiva del valor y la sostenibilidad. Esta es también la razón por la que es importante que siga aprendiendo acerca de las tecnologías subyacentes para que pueda identificar y evitar aquellas que tienen una base hueca.

#44 secretos expertos: las criptomonedas tienen la capacidad de resolver un gran problema

Comprar criptomonedas y simplemente esperar un buen rendimiento no es la mejor manera de invertir en el horizonte a largo plazo. Cualquier inversión debe ir idealmente a la realización de algo que pueda resolver los problemas existentes de la sociedad humana. Cuanto mayor sea el problema que se resuelve con el activo en el que se está invirtiendo, mayores serán las posibilidades de mayores rendimientos de sus inversiones.

Una de las mejores cosas de las criptomonedas es el hecho de que tienen el potencial de resolver los problemas financieros y relacionados con el dinero existentes de la humanidad. ¿Recuerdas los primeros secretos expertos de los porqués y los cómos de la criptomoneda que se explicaron en los capítulos iniciales? Bueno, si los miras de nuevo, verás el punto dulce sobre las criptomonedas.

#45 secretoexpertos – Las criptomonedas y el futuro de las finanzas

Las criptomonedas y las tecnologías subyacentes tienen el potencial de resolver problemas de dinero y transacciones que están plagando el sistema bancario actual. Cuando estos problemas realmente se resuelven a largo plazo, el valor de las criptomonedas está destinado a la cabeza hacia el cielo. Por lo tanto, las criptomonedas no son simplemente una idea hueca con una idea poderosa que puede ofrecer una producción tangible. Los problemas que esta tecnología puede resolver pueden cambiar la forma en que los seres humanos realizan transacciones de dinero e intercambios financieros. Por lo tanto, el futuro de las criptomonedas tiene un increíble potencial de crecimiento.

#46 secreto experto: trabaje en su cartera de criptomonedas de forma activa

Te había dicho en un consejo secreto experto anterior que es importante crear su propia cartera de criptomonedas, ya que no hay opciones de una sola solución en este mercado o para el caso de cualquier herramienta de inversión. Una vez que haya elegido su cartera que es ideal para su riesgo-apetito, presupuesto y otras consideraciones, debe trabajar en ella activamente para asegurarse de que no está perdiendo enormes oportunidades a corto plazo.

Además, mantener un control de su cartera se asegurará de que sepa lo que está sucediendo y esté bien actualizado. Elija sus criptomonedas sabiamente y luego invierta en ellas manteniendo las emociones tanto como sea posible.

#47 secreto experto: todas las criptomonedas se pueden convertir en dinero convencional

Todas las criptomonedas se pueden convertir en dinero tradicional. De hecho, los gobiernos están trabajando maneras de incluir criptomonedas que se comercializarán en todas las bolsas tradicionales más pronto que tarde. Por lo tanto, es sólo cuestión de tiempo cuando su cartera de criptomonedas será sólo otra forma de mantener activos. Por supuesto, si y cuando las criptomonedas se convierten en la forma en que manejamos nuestras finanzas en el futuro, es probable que usted estará sentado en una pila ordenada de activos que serán enormemente valiosos.

#48 secretos expertos – Leer mucho sobre las criptomonedas

Hay un montón de fuentes que le dan una gran cantidad de información sobre cryptocurrencies. Mientras que algunos son genuinos, algunos podrían ser engañosos. Es importante que filtre a través de las diversas fuentes y tome la guía y el consejo sólo de los genuinos. A medida que siga aprendiendo sobre las criptomonedas, será muy fácil para usted discernir entre fuentes honestas y aquellos que crean bombo. Cuanto más aprendes, más equipado estarás en el reino de las criptomonedas.

Experto 49 – Nunca deje de aprender

Para convertirse en un experto, el aprendizaje nunca debe detenerse. Esto es más con las criptomonedas, ya que están altamente orientadas técnicamente y toman algún tiempo para entender para las personas no técnicas. Sin embargo, puedo asegurarle que la tecnología criptomoneda no es ciencia de cohetes y cuanto más aprenda sobre ella, mejor obtendrá en él. La mejor parte de aprender este tema aparentemente difícil es que se vuelve cada vez más interesante a medida que profundizas más y más.

Conclusión Secreto Expert #50

Las criptomonedas están aquí para quedarse. De hecho, están aquí para florecer y crecer. Sí, la tecnología utilizada es, tal vez, un trabajo en curso. Pero no hay duda de que las criptomonedas están montando una ola. Los expertos trabajan continuamente en el fondo de taponamiento de lagunas y asegurando los más altos niveles de seguridad están en su lugar. Sí, ha habido casos de piratería y ataques. Sin embargo, las criptomonedas, especialmente los bitcoins, han sido capaces de levantarse del polvo como el fénix proverbial, más fuerte que antes y listo para asumir nuevos desafíos.

Sí, hay riesgos involucrados. Pero, ¿qué clase de activos no tiene riesgos? Sería prudente para usted utilizar una parte de sus inversiones hacia criptomoneda y participar en este mercado emergente. Como dije antes, comience lento, observe sus inversiones cuidadosamente, haga cambios en las etapas apropiadas, no ceda al deseo de sacar los beneficios (especialmente si no necesita el dinero) y siga aprendiendo.

A pesar de que la criptomoneda y las tecnologías subyacentes podrían parecer un poco friki y aparentemente más allá de la comprensión de una mente no técnica, permítanme asegurarle que es una gran cosa y el futuro va a ser enorme también. Gracias a Satoshi Nakamoto, hoy en día hay una opción para alejarse de los poderes de control y manipuladores de los financistas y banqueros de todo el mundo y transferir el poder del dinero a las manos del pueblo. Sí, criptomoneda tiene un gran potencial!

Así que, adelante, participe en el futuro del dinero y las finanzas. ¡Consigue tu billetera y empieza a invertir! ¡Feliz inversión y aprendizaje más feliz!

Resources

https://bitconnect.co/bitcoin-information/16/what-are-the-differences-between-bitcoin-and-the-traditional-banking-system

https://blockgeeks.com/guides/what-is-cryptocurrency/

https://bitsonblocks.net/2016/10/02/a-gentle-introduction-to-ethereum/

https://www.cryptostache.com/2017/10/03/what-is-litecoin-basic-introduction/

https://www.benzinga.com/tech/14/04/4428613/3-secrets-to-bitcoin-investment-success

http://cryptocurrencyfacts.com/how-to-trade-cryptocurrency-for-beginners/

https://www.tradingheroes.com/cryptocurrency-trading-guide-beginners/

http://cryptocurrencyfacts.com/what-is-a-cryptocurrency-wallet/

https://hobowithalaptop.com/crypto-wallets

http://jonathanbales.com/13-tips-investing-bitcoin-cryptocurrencies/

http://cryptocurrencyfacts.com/cryptocurrency-investing-tips/

https://www.forbes.com/sites/cbovaird/2017/11/21/top-5-tips-for-new-bitcoin-investors/#20c37b5a1e80

https://investinghaven.com/reading-markets/10-investment-tips-cryptocurrencies-investing/

www.ingramcontent.com/pod-product-compliance
Lightning Source LLC
Chambersburg PA
CBHW071347210326
41597CB00015B/1567